JN182627

ロールシャッハテストの所見の書き方

臨床の要請にこたえるために

加藤志ほ子,吉村聡 編著

岩崎学術出版社

序　文

馬場 禮子

この度，加藤志ほ子さんの指導する心理アセスメント研修グループが，長年の研鑽の成果を踏まえて，『ロールシャッハテストの所見の書き方——臨床の要請にこたえるために』を刊行されることになった。まことに喜ばしいことである。その労作について所感を書く役割を与えて頂いたので，ささやかな感想を述べさせて頂きたい。

標題からも推察される通り，本書は心理アセスメントの，それも主として心理検査の，その中でも特に投映法検査の，さらにその中でもロールシャッハテストを中心にした，臨床心理アセスメントの所見の書き方，というところに主眼を置いて書かれたものである。ここまででも，本書が相当に特殊分野に入り込んだ，専門的なものだということが分る。しかし，少数専門家向けのようでありながら，本書の内容は，我々臨床心理士にとってはなくてはならない仕事に関するものなのであり，心理臨床家であれば誰にでも課せられる，誰でもできなければならない仕事である。

そのような仕事に関わることなので，心理検査所見の書き方や使い方に関する参考書は，これまでにかなりの数が刊行されていると思われる。それにも関わらず，本書のような内容の本は，はっきり言ってこれまでになかったのではないだろうか。施行した心理検査から理解されたことを，どのように関係者に伝達するかは，非常に重要な課題であるのに，この件について解説するのは難しい。特に本書のようにロールシャッハテストの質的分析を中心に置くようなアセスメントでは，結果の個人差が大きく，報告書の記述をはじめ，検査結果をどう理解しどう活かすかについて一般論を語るのは非常に難しいので，とかく事例集のような形になりがちである。また，役に立つ所見を書けるまでに投映法の分析能力を身につけるのが大仕事なので，投映法の参考書はその技法習得についての記載で一杯になり，所見の書き方までは手が回らないということになりがちということもあり，とかく所見の報告書をどう書くかというテーマは省略されているように思われる。

ところが本書では，一方でロールシャッハ反応の読み方を懇切丁寧に解説して，読み取り技法の指導書を目指しながら，一方で解釈を基にした所見の纏め方，報告書の書き方に多くの紙面を割き，これが本書の主題であることを強調するという，まことに欲張った企画になっている。一事例の所見について論じながら，そこへ所見の書き方一般についてのコラムを挿入するという欲張り方である。このような書き方をするには，さぞ労力と時間を要したことであろう。

最後に置かれた座談会（ディスカッション）も興味深い。所見の書き方や口頭での伝え方について，心理検査の報告をする際，大抵の人が迷うような課題が網羅され，また課題への対処法についても沢山の知恵が提供されている。気楽な仲間達の座談会だからこそ本音で語られているので，その結果，特に初心者には非常に役に立つ情報が提供されたのであろう。

実をいうと，本書の執筆メンバーは，加藤さんや私の研修会で，力動的な投映法解釈について学んだ，今も学んでいる人たちである。みんな優れた勉強家で，長く研鑽を重ねて来ている。そういう人たちがこのような本を刊行して下さったことは，私にとって何より嬉しいことである。

本書が後続する多くの臨床心理専門家の役に立つことを，心から願っている。

目　次

第１部

レクチャー

—臨床で使える報告書をまとめるために—

加藤　志ほ子

第１部はレクチャー編である。心理検査所見の前提となる臨床上の要請や解釈の枠組，そして所見をまとめる上での着眼点などについて解説されている。

1　はじめに

臨床心理の領域で，心理検査による査定能力は，他の職種とは違った仕事の領域として大切な柱です。心理臨床査定の活動は，心理検査によるものだけではなく，観察や心理面接や家族や職場からの情報などを総合して行われるものではありますが，臨床現場で心理検査の依頼があるとき，それはそれぞれの検査の枠から見たクライエントについての理解の報告が期待されます。心理臨床で仕事をするものは，要請に応じて使うべき検査を選択し，施行し，総合的に報告をするということになります。それぞれの心理検査に精通することが求められ，心理検査にも様々なものがあり，新しく臨床現場の要請に応じて開発される心理検査も数多くあり，これらを学ぶ姿勢も臨床心理士には求められているといえます。

こうした中で投映法検査は，心理検査の中でも，構造の枠の自由さが特徴であることから，習得の難しさや，報告書の書き方の難しさがあるといわれており，実際の臨床現場で役に立つものが提示されるまで経験を積む必要があり，査定力がつくまでに時間がかかり，その習得が困難といわれています。

本章では，投映法検査，特に「ロールシャッハテスト」の報告書の書き方について述べていこうと思います。2009 年と 2010 年に日本ロールシャッハ学会のワークショップと教育講演でお話ししたことを中心に，加筆したものとなります。ロールシャッハテストの報告書が書けるようになるためには，正しく検査を施行し，スコアリングをし，その解釈仮説に従って，ひとつひとつの反応の意味や水準を査定し，さらにその反応が提示される様子や質疑段階での検査者とのやり取りなどを含めた資料全体から読み取れる被検者の特徴や，病理性をまとめていく査定力が必要になります。そして理解できたパーソナリティの特徴や心理的な特徴について，臨床からの要請に応じて，報告書が作成されることが期待されます。

パーソナリティ理解の方向として，本章では，自我心理学的精神分析学に基づいた理論を採り入れています。これについて，詳しくは小此木・馬場の『精神力動論』や，馬場の『心理療法と心理検査』にも書かれていますので，直接著書に当たって理解を深められることをお勧めしますが，ロールシャッハテストから，何を読み取るのかということについては大切なテーマですので，簡単にその枠組みについても述べていこうと思います。

心理検査から検査者が読み取れたものがなければ，報告すべきことは見えてこないといえます。また，心理検査の報告書は，多くの領域で働く臨床心理士にとっては，他職種との仕事を進めていく上でのコミュニケーションの基礎といえます。職場ごとに検査依頼者とのコミュニケーションのあり方の違いがあり，その各々に工夫が必要となります。それぞれの臨床現場からの心理検査への期待は高まってきており，それにどのように応えていくかは，一人ひとりの実践の中に工夫がなされることが期待されているといえます。

また，大学院での臨床心理教育の中で，各種の心理検査についての教育がなされていますが，各々の検査の歴史から始まり，理論的枠組みについてと，施行法などの技法の実際についてと，いくつかの実習をすること，その整理の仕方，解釈の基本について講義するところまでで，その先はそれぞれの現場に出て実際の事例に当たりながら研修を積むということが多く，報告書の書き方の指導というのは，なかなか教育プログラムに入りきれないのが実情ではないかと思われます。しかし，臨床の現場では，報告書を通して，臨床スタッフとのコミュニケーションが始まるという現実があり，とても大切なテーマであります。本書の中に，報告書を読まれた主治医からのおすすめもあり，被検者が次のステップとして継続面接を希望された事例を紹介しています。また，面接担当者への報告のあと，主治医から要請があり報告書を書き直してご報告した事例を紹介しています。

実際，心理検査，特に投映法検査を用いた臨床実践の中では，検査のデータから，対象をどのように読み取り，その力動をどのように理解していくか，自分の査定力を上げることがなかなか難しいことです。そしてそれを伝えていく「報告書の書き方」も，報告を誰にするのか，その相手によって伝えるべき内容も，伝える意図も異なり，工夫の要る仕事といえます。

2　文献に学ぶ

報告書の書き方についての文献は最近増えてきていますが，2008 年 8 月に『こころの科学』（日本評論社）で実践心理アセスメントの特集が組まれ，その中で心理アセスメントについて論じられています。心理アセスメントについての概説や，心理アセスメントと精神医学診断について下山晴彦が述べています。報告書の書き方についても松澤広和が「報告書の書き方」というテーマで書かれています。2009 年 12 月には金剛出版から『事例でわかる心理検査の伝え方・活かし方』（竹内健児編）が出版されています。この中では，竹内健児が第 1 章で「心理検査の伝え方と話し方」について丁寧に概説を述べ，事例報告の一つの様式をまとめたあと，4 つの医療心理臨床の事例と，2 つの福祉心理臨床の事例と，司法臨床と産業臨床が各 1 つずつ提示されています。そして事例報告のあと，それぞれにコメントがついており，ロールシャッハテストだけでなく，HTPP，TEG，SCT，バウムテスト，WISC-III などの検査結果のまとめと理解や，ケースカンファの様子やフィードバックについても書かれており，臨床経験 10 年前後の臨床家が工夫を重ねたり，自分のスタイルを作りつつある年代の様子などが伝わり，参考になる本といえます。

翻訳されたものではアラン・カウフマン博士たちの書かれた『心理アセスメントレポートの書き方』（日本文化科学社）があります。これは知能検査の報告が中心になっていますが，アメリカ心理学会のアセスメントのための倫理指針の早見表も掲載されており，初学者に向けて丁寧な指導が書かれています。

2006年にアメリカのJournal of Clinical Psychology（62巻1号）で特集が組まれ，報告書に関連する課題を取り扱う数編の論文が収録されています。その中でHarveyは，心理アセスメントの報告書の目的について，

①報告書の読み手がクライエントをより理解できるようになること
②クライエントに対する適切で実行可能なかかわり方を読み手に伝えること
③最終的には，クライエントの心理的機能が改善すること

と書いています。

また，心理アセスメントの報告書を書くために，最低限必要と思われるごく基本的なこととして，

①読み手を意識して書く
②読みやすさの問題
③読み手のニーズを考える
④読み手と話し合うことの大切さ

を述べています。

Harveyによる読みやすい報告書作成のためのガイドラインとしては，

①文の長さを短くする
②難しい（学術）用語の使用は最低限にする
③頭文字語の使用を減らす（頭文字語とは複数の単語から構成される頭文字をつなげて作られた略語）
④受動態をあまり用いない
⑤小見出しの使用を増やす

などが挙げられています。

また，報告書の様式は以下のようなものが参考になるとしています。

基本情報（氏名・性別・生年月日・年齢・実施日など）

アセスメントの目的・理由（検査目的・依頼理由）

アセスメント実施時の状況・様子（クライエントの理解・態度・体調）

アセスメント結果・所見（観察・検査結果・その意味するところ・問題点と可能性・これから予測されること・対応の留意点など）

要約（総合的な評価・目的に即して簡潔に）

Snyderら（2006）も，心理アセスメントにおける情報収集と報告書の作成において，強さと弱さのバランスをとることに重要性について述べています。そして心理専門職が活動する領域は，医療から教育，産業，司法，福祉など幅広く，それぞれの領域において，報告書が求められる頻度や理由，その様式は様々であるけれど，どの領域であっても，報告書の作成は，クライエントの利益に資するものでなくてはならないとされています。

こうした目的に沿う報告書が書けるためには，どのように心理検査を読み取り，理解したものをどのように伝えていくかに工夫がいるといえます。

3 臨床の要請を理解すること

臨床現場では，検査の依頼者の要望は様々であり，この要望をよく理解し，要望に沿った報告書が作成されることが期待されています。

例えば，クリニックで，病識がなく継続的な治療につながっていない統合失調症のクライエントが，親の勧めで何とか受診された事例の場合です。すでに幻覚妄想状態を呈した入院を含む3年ほどの治療歴があり，その後怠薬し，病識もなく，もう3年ほど薬も飲まれていない統合失調症の事例でしたが，この方は一人暮らしでもありましたので，無理矢理には治療につなげ難く，主治医は「検査をしてその結果によって治療や薬を決めましょう」という説明をされています。本人は「それならば」と納得して検査に来ました。この場合，心理検査は「統合失調症の診断を支持するかどうか」と，「本人が病気であることを納得する報告書」を要請されています。

また，別の事例では，おなじ鑑別診断でも，臨床診断の印象を支持する検査内容があるかどうかを問われるということがあります。高校2年生の男子で，秋ごろから緩やかに成績が落ち，3年生になると集中力も低下し，意味もなく涙が止まらなくなり，励んでいた部活の運動も以前と同じように練習しても結果が出ず，学校を休んでいるという事例の場合です。初診の診断は「うつ状態」でした。学校適応がうまくいかないことの反応としてのうつ状態と考えられ，投薬治療が始まりました。しかし，その後3カ月ほどして，主治医から「治療反応性に乏しい。コンタクト上はSchizophreniaも考えられるimpressionあり，診断の補助として心理検査依頼」と，検査の依頼がありました。このご依頼には当然，心理検査からみられる自我機能の在り様から統合失調症的な自我機能の低下や特徴があるのか否か，思春期心性の自我機能として了解できるものであるのかどうか，が問われています。そして心理検査から推察される理解を伝えていくことが必要になります。

臨床診断は「社会恐怖症」となっている22歳の男子学生の事例では，臨床診断はほぼ確定している様子ですが，心理検査の依頼があり，検査目的には心理的な特徴についての報告を求められているようでした。主訴は「他人の目が気になる」ということで，経過を伺うと大学1年のころから自分の髪形や服装がおかしくないか気になりだし，人に笑われているようで心配が多くなり，友人もできずに孤立しがちになり，そのうえ2年生になってルームシェアしていた友人にガールフレンドを取られてしまい，それ以来人が何を考えているのかわからなくなり，一層人のことが気になりだして学校生活にも支障が起き，受診に至っている事例でした。この場合も，年齢や状況からは好発年齢である統合失調症的な病理が心理検査に反映されていることはないか，女性をめぐる葛藤や喪失体験がどのように自覚・体験されているか，そのほかの友人関係を含めた対人関係のパターンがテスト上どのように理解されるのか，今後の治療に役立つ資料を求めてのご依頼であったと考えられます。この例は初心者のグループスーパービジョンでの例ですが，報告書を読まれた主治医から「何が書いてあるかわからない」とお叱りがあったようです。報告書を読んでみると，スコアからのいくつかの解釈仮説が書いてあるのですが，全体としてはまとまりもなく，わかりにくいものでした。

そこで「どういうことがロールシャッハテストからわかったの？」と尋ねてみると，検査した本人も「よくわからない」ということでした。検査者が検査から理解できたことが把握できていなくては，報告書も伝わりにくいに違いありません。まず，検査データから読み取れたことを理解し，統合し，自分自身で納得したものを報告したいものです。わかりにくい所や曖昧な点は，そのように描写・報告できると良いと思います。読み取れたことはそのように報告すればよいのですが，判断がつかない点や，わからないことは，どこまではこの検査で推測できることであり，この可能性とこの可能性があると考えられるが，本検査からはここまでを述べることができる，と報告できるようになると，よい報告書になると考えます。心理検査をすれば，すべてがはっきりするというものでもありませんし，わかったところはこういう点で，ここは自我心理学的にはこのように考えられる範囲にあるが，ここは不明であるなど，わからなさについても記述できるようになると良いのではないかと思います。

依頼者とのコミュニケーションは大切な要素です。検査が終わってすぐに，検査を依頼された主治医から「どう？　印象は？」と尋ねられることもあります。忙しい臨床の現場で，臨床診断にすぐに活用されて，見立てや治療方針に主治医が役立てていかれることもあります。また，他科からの依頼に対し，精神科医の診察を経て検査依頼があり，結果を報告すると，それをもって主治医がすぐに他科へ説明に足を運ばれることもあります。報告書の読み手は，主治医やカウンセラーばかりでなく，内科や脳外科など他科の医師の場合もあります。検査結果の全体像と特徴的なポイントが手短にまとまっていると，身体症状と心の関係について医師も理解しやすいのではないかと思います。また，精神科の病棟で，看護師が忙しい仕事の合間にカルテに綴じられた報告書を読んで，担当患者さんの理解に努めている様子が垣間見られることもあります。報告書は誰が読んでも通じるこなれた日本語でありたいし，パーソナリティの描写もわかりやすく，問題点の描き方も，明瞭で要領を得たものであることが臨床現場では求められているといえます。ある心療内科の看護師が私の作成した報告書を読んで「悪いことばかり書いてある」と感想を述べたことがあり，そのクライエントには良い機能もあったのに，つい問題点ばかりまとめて報告してしまったと，内心申し訳ないことをしたと反省したこともあります。Harvey や Snyder の言うように，クライエントに内在する弱さばかりでなく，強さや，クライエントに対する適切で実行可能な関わり方を読み手に伝えるよう心がけるきっかけになったものです。

これは余談になりますが，臨床の駆け出しの頃，私がひそかに勉強したのは，大学病院の外来に保管されている報告書のファイルです。大学病院の精神神経科の外来には，心理検査結果報告書を保管しておくファイルがありました。自分が担当した心理検査の結果報告書を提出する時に，先輩方の書かれた報告書を読むことができました。これを読むと，報告書の書き方にも違いがあり，同じ心理検査をしていても，理解しやすいものとそうでないものと，こんなにも差があるということが実感されました。当時はスーパービジョンを受けながら，結果の報告書を書くのですが，それでもお手本を見習って「情緒刺激が強まると不安定になりやすい」などと，決まり文句のように報告書を書くということがありました。どのような刺激の時にどのように揺れて，それが現実適応にどう関わっていくのかなどがわかりたいのに，なかなかそこまでは描写しきれないし，対人関係に問題が起きやすいことはわかるものの，そのあり方が描写できないということもありました。しかし，ライフサイクルの中のどの地点にいて，その年代の平均からどのくらいずれていて，環境にこんな問題があり，その中でこの人が今どのように苦しんでいて，心理的にはこういう問題があるということが簡潔に描写されていると，まだ若くて未熟な私にもよく理解できたものでした。「そうか。このように報告書を書けばよいのだ」と，思ったものでした。わかっても，なかなか判定の技量は上がらず苦労をいたしました。「何を伝えるか」の前に，「何を把握するか」の力がつかず，何年も過ぎてしまったといえます。

これも余談ですが，臨床経験1年目の終わり頃，週に2ケース大学病院の精神神経科で検査を施行するノルマがあり，出張病院で週2日心理検査をとり続けているとこんな経験がありました。単科精神病院では古い統合失調症や入退院時の検査を多く経験するのですが，不活発な精神内界のロールシャッハをたくさん経験している中で，カルテ上は統合失調症ということで検査に入ったケースなのに，いつもとは違うデータに出会ったことがあります。不良形態反応が多くみられ，全般的には不活発なデータなのですが，何か投映されているものがあるようで，反応内容やその表現の仕方に精神病水準の不活発さとは違ったものを感じ，先輩にスーパービジョンをしていただいたことがあります。すると「不活発に見える全体像の中に，特有の感性があり，かなり歪められた情緒統制とみることができ，人格の偏りのある人と考えられる」と教えていただき，そのように報告書を提出したことがあります。すると主治医から「事件の処遇としての病名であるが，精神医学的にもそのように考えられる」とお返事をいただき，その先生は脳波のご専門でしたが，「ロールシャッハテストを初めて信頼できました」という言葉をいただいたことがあります。知識が整理されるだけでなく，ロールシャッハのデータを読んで，感覚的にも違いが感じられるようになるまで研鑽を積むと，読み取りの力は次のステップに移行するといえるのかも知れません。

4　読み取りの枠組みについて

精神力動的視点

ロールシャッハテストをはじめとする投映法検査や，構造化された各種アセスメントを用いた検査を臨床的に活用していくためには，対象人物を理解する背景となる枠組みとして，一定の人格理論や精神病理学の知識が必要といわれています。私はこれを精神力動的な考え方を拠り所としていく環境で仕事をして参りました。精神力動的にロールシャッハを読み解くとき，いくつかの視点があります。手続きとして，以下の5つがあげられます。これについて，少しお話しておきたいと思います。

(1) 形式分析
(2) 主題分析
(3) 態度分析
(4) 継起分析
(5) 総合的理解

(1) 形式分析

Rorschach, H.（1921）が要約したように，10枚の検査図版からなる同じシリーズを用いることにより，所見が算定可能になり，その後に引き続く研究者たちが研究を続けてきた数量的な分析です。客観的な数字で検査結果として示された数量を分析していくものです。

(2) 主題分析

反応の系列には多くの場合，その被検者の主題（theme）が含まれていると考えられます。被検者の興味・関心・欲求・情動・それらをめぐる葛藤などの精神内界が表されます。

(3) 態度分析

Schaferが防衛解釈の一環として，テスト態度（test attitude）を他の資料と統合して検討する場合を述べています。のちに小此木・馬場により，主題分析と態度分析の両方を自我解釈の資料として用いられています。

(4) 継起分析

各カードの反応について検討した後，さらにそれが連続的に移り変わっていく様相を見ていこうとするものです。Rorschach, H.（1921）が反応領域の連続性の仕方に注目したことに始まり，Klopfer, B.（1946），Rapaport, D. ら（1945/1946），Schafer, R.（1954）などが継起分析 sequence analysis として提唱しています。量的分析に重点を置きながら，そこで解決しえなかったものを理解するために継起分析を導入しています。反応表象とテスト態度を主な材料とし，これらの推移を追求し，記号的資料と統合しています。日本では小此木・馬場が『精神力動論』（1989）で，精神分析的解釈を提示しており，精神分析学とロールシャッハ解釈の統合を図る立場があります。小此木・馬場は，Schaferの考えから発展して，テスター／テスティー関係や，テスト状況，さらに〈主題分析〉〈防衛分析〉に多くの示唆を得ているのが特徴です。被検者の内的心理過程の変化を捉えようとする点が解釈の中核となり，反応過程のなかに見られる精神力動過程を読み取ることが目指されています。

(5) 総合的理解

この総合的理解では，(1) ～ (4) までの理解に加え，力動的にパーソナリティを捉える視点をもとにまとめていくことや，依頼者からの要請に応えて必要とされることを中心にまとめていくことになります。

継起分析の実際

読み取りの枠組みをもとにして，ロールシャッハ資料を継起分析していくこととは，次のようになります。

(1) Case A

――Ⅰカード――

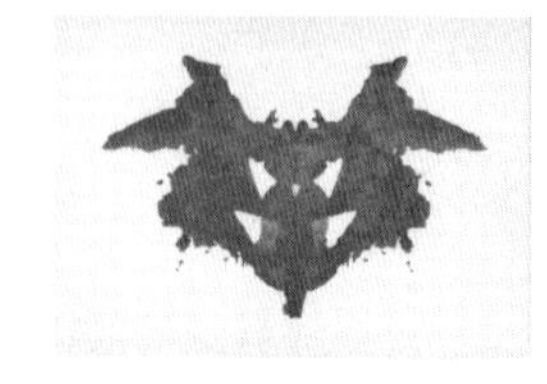

（反応段階）7″　①犬に見えます。
〈他にもあれば……〉
他にですか……。
②鳥。こうもりにみえる。34″

（質問段階）〈①？〉この白い所が眼に見えて，とんがっているところが耳に見えて，全体の雰囲気が犬に見えてということです。犬の顔ですね。正確には。白い眼のへんが犬に見えたのかな。何か黒い小さな犬のような気がしました。黒い子犬に見えました。〈子犬？〉……全体が，そうですね，なんとなく。顔が相対的に大きい感じに見えた所ぐらいですかね。　W(S)　FC′±　Ad

〈②？〉黒いとんがっているところが，いかにもこうもりの羽のように見えた。〈Q〉あとは手ですね。黒っぽいから。〈他？〉そんなとこだと思います。

W　FC′±　A　P

Case Aは，Ⅰカードで，反応段階では7″で「犬」という反応があり，続いて「こうもり」の反応があった後，34″でカードを伏せています。質問段階では，第1反応「犬の顔」は細かい部位や形の妥当な説明があり，W(S)，FC′±，Adとスコアされます。第2反応は「黒いとがっているところが，いかにもこうもりの羽のように見えた。あとは手ですね。黒っぽいから」と説明をし，この反応からはW，FC′±，A，Pがスコアされます。

形式分析からは，妥当な外界把握力，客観性のある認知力，社会性のある対応が評価され，黒さについての観察と指摘があり，このことから抑うつ傾向が示唆されることが推測されます。

第2反応「こうもり」でとんがっている羽の説明から現実検討が始まっていることからは，表面は落ち着いて抑制のきいた対応になっていても，内面には認識した対象の中の攻撃性に敏感に反応している点があるかもしれないことなどが推察されます。

しかし，抑うつ感情にしても，相手に対する競争心等の攻撃性にしても，よく統制された連想と対応の中に収まっており，適応水準としては，やや固めではありますが適応範囲に収まっていると考えられます。新しい課題を与えられた場面で，まず平均的で社会性があり，はみ出さない対応をする力がある人と考えられます。

――Ⅱカード――

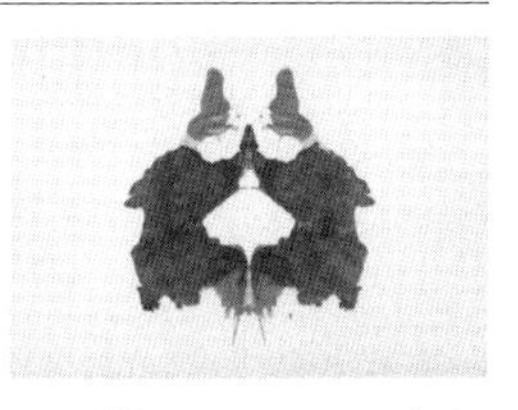

（反応段階）6″　①猫に見えますね。
②カメに見えますね。
後は思いつかない。
よろしいですか？　34″

（質問段階）〈①？〉赤いところが耳。白いところが眼で，ここの白が口に見えた。〈Q〉赤い耳がとんがっているのが，猫に見えるなあと思ったくらいです。〈赤い耳？〉んー，そこまで考えなかった。形からですね。〈Q〉普通の猫。特にどんな猫という感じではなかったですね。
W(S)　F－　Ad

〈②？〉ここのとんがっているとこが，いかにもカメが首を突き出しているように見えたので。〈Q〉下にちょっと出ている尾っぽ。カメは尾っぽは二つないけど。〈Q〉この白い所が，尾っぽにしたらカメに思った。真ん中の白い所が印象としては甲羅かな。〈Q〉形からです。他は特にないと思います。　dr(S)　FM∓　A

Case AのⅡカードは，6″で「猫」「カメ」と反応し，34″で図版を伏せています。質問段階では第1反応については「①赤いところが耳。白いところが眼で，ここの白が口に見えた。〈Q〉赤い耳がとんがっているのが，猫に見えるなあと思ったくらいです。〈赤い耳？〉んー，そこまでは考えなかった。形からですね。〈Q〉普通の猫。特にどんな猫という感じではなかったですね」と説明をしており，W(S)，F−，Adとスコアされます。第2反応は「②ここのとんがっているとこが，いかにもカメが首を突き出しているように見えたので。〈Q〉下にちょっと出ている尾っぽ。カメは尾っぽは二つないけど。〈Q〉この白い所が，尾っぽにしたらカメに思った。真ん中の白い所が印象としては甲羅かな」と説明をし，二つ目の反応はdr(S)，FM∓，Aとスコアされます。

Ⅱカードは赤と黒が混じった，情緒的に刺激されやすいカードといわれています。Case Aは，全体反応で「猫の顔」と反応し，形態水準という観点からはマイナスの不良形態反応になりました。しかし質問段階になってもあまり動揺を示さず，冷静に「赤いところが耳で……形からです」と，色彩は取り入れずに形態優位で現実検討を続けています。空間も形態として含め，「普通の猫」と，一般化して取り扱っているのが特徴といえます。情緒刺激の強まる場面でも，冷静な態度を崩さず，客観性を重視した，形態優位の対処で課題をこなしているように見えます。形式的には乱れを示さないけれど，主題分析的には「顔反応」であり，対人緊張が投映されていることや，対人不安の水準が内心ではかなり強く，これに圧倒されて現実適応水準が低くなっていること，そして自覚的には精いっぱいいつものやり方で冷静に客観性を重視した方法で問題を処理しているという様相が示されていると推察されます。

その後，反応領域をS（空間）へ目を転じて，「首を突き出しているカメ。尾っぽが二つはないけれど」と，Ⅱカード全体の色彩ショックからは，距離をとり，刺激の少ないところへ目を転じて，安定を保とうとしている様子が観察されます。少し合理性の合わないところへ気づきながら，硬い甲羅のある動物を連想することで，初めのショックからは，やや回復したのではないかと推察されます。

ストレスの高まる場面でも，不安を抑え込み，動揺を見せないで冷静で合理的な対処からはみ出さないでおこうとする様子が示されています。このやり方は，直接的に不安・動揺を見せず，柔軟性がないながらも本人は「冷静な自分」というアイデンティティを守れているようです。適応水準から考えると，社会適応をはみだしてはいない冷静さや合理性を重んじる態度といえますが，過度の抑え込みの中で，50代の社会人としては，整った態度を固持しすぎる水準と考えられ，心理的には内面はやや苦しいのではないかと推察されます。

*

Case Aは，「うつ」が5年ほど続いており，2カ月休職した後，投薬治療の効果もあったものの，その後元気になり切れず，早朝覚醒・注意力低下・中等度のうつが持続し，集中力の低下や，意欲の上がらなさが続き，何とかこの現状からの脱却を図りたいと願っている中年男性です。悪いのは自分だと考える抑うつ心性があり，厳しすぎる超自我が役割へのしがみつきをおこし，休むことを選択できないという問題もある事例です。自らへの要求水準が高く，困難な状況を回避せずに前へ進もうとする姿勢が一貫しており，社会適応度は高い方ですが，現在はこの硬さが問題ではないかと推測されています。もともとの強迫性格傾向もあり，きちんとした現実対処力はあるものの，素直な情緒表現のできにくさ，自我機能の硬さが目立っている資料です。

このように継起分析では，ロールシャッハテストのデータから，形式分析をもとにその反応の水準を査定し，初発反応時間や反応終了時間も含めた検査時の様子と，テスターとのやり取りを含めた説明の様子や，反応に投映されているテーマから，情緒統制のあり方や，質をアスセメントしていくことになります。また自分の反応への現実検討の在り様についても査定していくことが行われます。このように10枚のカードを追っていくと，各場面での被検者の思考活動の様子や，情緒傾向など，自我活動の様子が浮き彫りにされてきます。これを統合していくことになります。

次のような例もあります。

(2) Case B

――Ⅰカード――

（反応段階）　考えちゃいけないの？〈ご自由にどうぞ〉

4″　①臓器。

一個？

②昆虫。

ハイ　22″

（質問段階）〈①？〉黒と，周りの絵と，色のモヤモヤした感じ。滲み。左右対称というのがすごく，そう感じました。空間がレントゲン写真を思わせて。〈Q〉くっきりの比率が。〈臓器？〉胃を連想した。〈？〉対比のくっきりさ。胃というわけではない。　W(S)　C′F　cF∓　X-ray

〈②？〉左右対称の中心の部分が。〈Q〉ここだけくっきりしている。角。触角に見えました。中心にぽちっと空いているところが，昆虫の中心に見えたり，真ん中にピッと線がある。〈特に？〉角。ここだけくっきりしているのが印象的。ハサミがある。クワガタのこういうの（動作で示す)。よくわからない。スタイル中心の。言葉で説明するのと，違うみたい。　D　Fc±　A

Case Bでは，カードを手に取ると「考えちゃいけないの？」と質問があり「ご自由にどうぞ」と促すと，4″で「①臓器」と反応があり，また「一個？」と質問されます。第2反応は「②昆虫」という反応です。質問段階では第1反応については「黒と，周りの絵と，色のモヤモヤした感じ。

滲み。左右対称というのがすごく，そう感じました。空間がレントゲン写真を思わせて。〈Q〉くっきりの比率が。〈臓器？〉胃を連想した。〈Q〉対比のくっきりさ。胃というわけではない」と説明をしており，W，C′F，cF∓，X-ray とスコアされます。第2反応は「左右対称の中心の部分が。〈Q〉ここだけくっきりしている。角，触角に見えました。中心にぽちっと空いているところが，昆虫の中心に見えたり，真ん中にピッと線がある。〈特に？〉角。ここだけくっきりしているのが印象的」と説明があり，D，Fc±，A とスコアされます。

Case B は，反応は素早く，課題への現実的な対処力はありますが，場面緊張も大きい様子で，テスターへ質問をすることでこの初頭緊張に対処されているようです。目の前の対象に，質問を投げかけるという形で緊張を鎮めていく様子が観察されます。

第1反応は「臓器」という不安反応です。形態把握も曖昧で「漠然と胃のあたりのレントゲン」ということになりました。非常に曖昧なものとしてカードの模様を捉えています。色がもやもやしているとか，もやもやとくっきりとの対比を説明したり，現実検討を求めると，捉えにくいにもかかわらず，自分の見たものを何とか言葉にしてテスターへ伝えようとする姿勢があり，伝えたいものを言葉にする表現力はある人と理解されます。

第2反応になると，領域を限定していますが，形態をきちんと細かく観察し，説明している様子が示されています。少し時間をかけると，初めの不安や混乱から，自我の機能は回復し，部分に区切ってより確かな部分を形でとらえ，薄くなっている模様も観察して，形態を強調した説明ができるようになっていることが示されています。「ぽちっと空いている」とか，「真ん中にぴっと線がある」という表現に示されるように，生き生きとした感性のある表現でクワガタらしさを表現しようと頑張っている様子も窺われます。領域を区切れば，さらに安定して自分らしく課題をこなすことができているといえます。

このやり取りや，この反応からは，①新しい場面や，慣れない場面での不安がかなり強いこと，②そういう時に心気的な形で不安の処理が行われがちな傾向があることが推測されます。③そして，これもじきに回復する力があることが示されており，④やや関わり方を狭めて，安全な領域にいれば，かなり積極的に自己表現や，現実対処ができる自我の力があることが推察されます。少し揺れ幅はあるものの，回復力と適応の良さが示されているといえます。

＊

Case Bは，40代初めの女性で，半年ほど前から不安発作が頻発し，「不安・動悸・孤独感」を主訴に病院を受診し，内科的には問題がなく，精神科受診を勧められ，本人も納得して，精神科に見えました。診断は「不安神経症」です。

もうひとつ例をお話ししましょう。

(3) Case C

──Ⅰカード──

（反応段階）5″　①こうもり。〈他にもあれば〉
②ちょっと悪魔的な魔女が衣装のお袖を広げている感じ。
伏せていいですか？　20″

（質問段階）〈①？〉触角，ボディ，胴体，羽を広げた状態。〈Q〉色ですね，まず。〈Q〉頭と触角のこの辺です。〈他？〉羽を広げるとこういう形になる。ちょっと切れていますけど，たたんだとき。〈切れて？〉ここが。これから飛び立とうとしているところ。〈Q〉まだ，ちゃんと開いていない。　W　FM　FC′±　A　P

〈②？〉これが手で，ここからちょっと昔の子供の絵本で，こうしている（動作で示す）のがあった。ボディと袖の衣装を広げて何か言おうとしている。パーッと広がって。〈何か言おうとしている？〉呪いじゃないけど。

〈Q〉手の感じが。〈Q〉暗い。グレーの白さが，お袖が風であおられて，ギザギザして感じになるんじゃないでしょうか。高い所にいて，パーッと。

W　M　m　FC′±　(H)　Cg

Case C は，5″で「①こうもり」と反応し，次に「②ちょっと悪魔的な魔女が衣装のお袖を広げている感じ」とふたつの反応があります。質問段階では，第1反応は「①触角，ボディ，胴体，羽を広げた状態。色ですね，まず。頭と触角のこの辺です。〈他？〉羽を広げるとこういう形になる。ちょっと切れていますけど，たたんだとき。〈Q〉ここが，飛び立とうとしているところ。〈Q〉まだちゃんと開いていない」と説明し，W，FM，FC′±，A，P がスコアされます。第2反応は，「②これが手で，ここからちょっと昔の子供の絵本で，こうしている（動作で示す）のがあった。ボディと袖の衣装を広げて何か言おうとしている。パーッと広がって。〈何か言おうとしている？〉呪いじゃないけど。〈Q〉手の感じが。〈Q〉暗い。グレーの白さが，お袖が風にあおられて，ギザギザした感じになるんじゃないでしょうか。高いところにいて，パーッと」と説明がなされ，W，M，m，FC′±，(H)，Cg とスコアされます。

第1反応は平凡反応であり，認知的には妥当で，常識的な対処をする力があることが示されているといえます。FM±の動物運動反応が加わり，「羽はちょっと切れている，飛び立とうとしている，ちゃんと開いていない」と，エネルギーが在り，飛び立とうとする意欲が示されており，同じこうもりの反応を報告した Case A より，自己表現に意欲的で内的な活動を表現してくるタイプであることが示されています。また，内面には毀損感があり，不全形であることや，十分に飛び立つことができないというもどかしさが示されており，規制があって不自由だという感覚が内在しているかもしれないことが，「こうもり」という反応に投映されていると考えられます。

第2反応では，連想はさらに発展して，「魔女が……」と空想の世界が展開されています。「他にもあれば」と促されての反応です。テスター

（相手）に受け入れられると，こうした連想が展開していくところがあるようです。「昔の子どもの絵本で……」というやや退行的で安全な形に加工されてはいます。ここからは，テーマからはかなりの空想傾向や，理想化傾向があること，また逆の脱価値化傾向とともに，対象支配願望の内在や，対人緊張の強さや対人不安への敏感な反応性の高さなども考えられ，空想力もエネルギーもある人と考えられます。

*

Case C は，60代の「記憶が飛ぶ」という主訴で受診され，「転換ヒステリー」が疑われる女性です。Ⅱカード以降にも活発な空想が語られ，「夕焼けの前のモスク。夕方になりそうだけど明るい空が残っている……暗くなっているけど茜色が残っている……」「裾の広がったドレス。お袖や，舞台衣装の感じ」など柔らかさや華やかさが強調されたテーマが続き，黒いカードでも「本当はブルーとか，色がきれいなはずだけど，照明の感じでこう見える」という Cp（色彩投映反応）とスコアされるような説明をして，形態把握が曖昧なまま，美しさや軽やかさが強調され，美化・否認の防衛を盛んに使用していきます。この奥には，図版から刺激されるであろう衝動や欲動の強さと不安定さ，統制の偏り方などが推察されてきます。その水準は，神経症水準より重度の自我機能の問題を持っている人として理解が進むことになります。自分の世界に引き込んで主観的な世界を提示し，客観性を無視して理想化された世界で課題を処理しようとしている傾向が示されており，これがこの人の課題への対処法であり，そうせざるを得ない葛藤処理の仕方があることが理解されてきます。

Case C のテスト態度として特徴があったのは，質問段階で尋ねていくと，反応段階で自分の連想を語るときには生き生きとしているのですが，現実検討を求められて答えに詰まってくると，次第に元気がなくなり，表情が硬くなったり，笑顔が消える様子が観察されたことです。相手に受け入れられて自分の気持ちや考えを述べるときには元気がよく，明確化を求められたり質問されることが責められているという感覚になる様子でした。こうした検査中のやり取りの中の観察からも，被検者の対象関係のあり方に通じる様子が示されることがあり，こうした点も，被検者の理解に加えていくことになります。

5　総合的理解

アセスメントの枠組み

これまでの作業のなかにも含まれるのですが，ロールシャッハテストのデータから読み取れる被検者の特徴について，アセスメントしていく一つの枠組みを示しておきたいと思います。それは，以下の5つにまとめられます。

(1) 不安の水準
(2) 自我の働き
(3) 退行の水準
(4) 回復過程
(5) 現実検討力

継起分析の例の中でも少し解説に出ていますが，これらの総合で，自我機能の水準が推定され，その動き方や変動の様子から，病態を推定していくという作業が進むと考えられています。詳しくは『精神力動論』や『境界例』，『心理療法と心理検査』などの成書を参照されながら理解を深められると良いと思います。

(1) 不安の水準

不安の水準には以下のようなものがあり，発達水準に応じての不安があると考えられています。

神経症的な不安＝	分離不安が中心（内面的な不安）
境界的不安＝	見捨てられ不安（他者がどう扱うか／不安が外在化している場合／侵入してくる場合／圧迫してくる場合／分離恐怖／外的な対象がある場合）
飲み込まれ不安＝	自他の区別のない不安（他者と自己が融合してしまう不安／自分が消されてしまう不安／融合）

反応内容の中に「火」「煙」「血」など不安や衝動が投映されているものもあり，「内臓反応」が連動している「人間反応」と混交して示されたり，反応と反応のつながりの未分化さが露呈していたり，その混乱に現実検討が伴わないなど，不安の水準のレベルと，それを取り扱う自我機能の様子などから発達水準や病理の理解につなげます。

(2) 自我の働き・使われている防衛機制でその人の発達水準を示していると考える

ロールシャッハテストに示されている反応から，投映されている情緒や衝動の内容を推理し，情緒や衝動のあり方が被検者の中でそうなる必然を推理しながら理解を進める作業になります。被検者の自我の退行の水準や固着点を考え，発達水準を推測していくことになります。

口愛期に獲得される機制＝	取り入れ・自己愛的内向・投影
肛門期に獲得される機制＝	反動形成・分離・打ち消しなど
ex. 困難に向かったときの対処法	
ex. 親に褒められたときに育つ autonomy など	
エディプス期に獲得される機制＝	否認・抑圧・知性化・昇華など

Case Aには，抑圧を中心とした否認・分離・反動形成など強迫性格傾向の人がよく自己統制のために使用する自我機制がみられます。Case Bは，抑圧・知性化・昇華などを多く用い，ときに否認が原始的な水準で発動してしまうことがあるのではないかと考えられます。Case CのCp（色彩投映反応）には口愛期水準の投映が発動され現実否認の上に，主観的な

連想が進みすぎてしまう傾向が推測されます。

のちにハルトマンの考えも加えられ，エスと融合してはいるけれど，もっと主体的・自律的に機能していると考える立場もあり，葛藤外の自我領域で獲得される機能もあると考えられています。

(3) 退行の水準

ロールシャッハテストに示される形態水準の低下や，反応の現実検討力の乏しさや，情緒的混乱の様子や，思考活動の混乱などの反応から，自我機能の退行が推測されてきます。また，それがもともとその水準であると考えられるのか？ 発達障害か？ もっと発達があったのにより早期の段階に退行しているのか？ などをアセスメントすることになります。

(4) 回復過程

自我の退行の様子は，ロールシャッハテストの中で，形態水準や，主題分析や，不安の水準のあり方やその変化の様子，現実検討力の様子，不適応状況を自覚できるのか否か，どのように感じ，対応していくかなどから推測していくことになります。そしてその退行の状況から回復があるのかどうかが問われます。神経症水準なら，回復していく能力があると考えられています。境界性パーソナリティ障害でも回復過程があると考えられています。横の分裂があるため，突然飛び上がるような回復がおきたり，中間で迷わないのが特徴と言われています。

前述のCase BのⅠカードの反応の推移は，やや不良形態反応の①「内臓反応」から，第2反応は部分反応に区切って②「昆虫」になっており，形態水準も上がり，内容的にも十分客観性のある物になっておりこの①→②の推移は回復過程があると考えられます。

Case Cの場合は，第1反応が妥当な把握で平凡反応であったのに，第2反応では「魔女」と気分優位に連想が進み，情緒的にはかなり拡散する傾向があると考えられます。このように，自我の機能の回復過程や機能低下の様子を，経過を追って読んでいくことになります。

自我の柔軟性があるとARISE[注1]という遊びが示されることもあります。芸術家の創造性は，この領域での遊びの世界が広がっていると考えられています。

また，何も退行が起きないときは，自我の硬さが問題となります。Case AのIカードは，外界把握についての間違いはなく，妥当な対処の範囲内にきちんと収まっていますが，硬くて，率直な情緒表現という点からは，Case Aが感じているであろう情緒や不安や緊張が，社会的に整った態度の中に閉じ込められているという特徴があります。

一つのカードの中で，こうした退行や回復がおこるのか，または，反応段階（一人でするとき）と，質問段階（二人でするとき）で違うのか，状況によって異なることがあるのかどうかとか，一貫しているかなどが，問題になります。

(5) 現実検討力

現実検討力の水準は，病態理解に深くかかわりを持ちます。妥当な反応をどのくらい出せるのか？ 退行についての違和感があるのか否か？ 不適応感や失敗感をどの様に体験できているのかできていないのか？ などは，被検者の社会適応度と，深く関係してくる視点です。

Case Bの第1反応は，外界把握力としては，かなり曖昧なもので，初めての場面でかなり緊張して，その動揺が「不安反応」として示されていると考えられます。初期緊張が「心気的」な体調不良につながりやすく，こうした形で実感されやすい傾向をうかがわせるものでしたが，質問段階での現実検討の時には，かなりしっかりと現実検討を試みていました。本人なりのやり方ではあるものの，頑張って彼女なりの言葉で自己表現をさ

注1）ARISE（Adaptive Regression in the Service of Ego　自我を助ける適応的退行）：一方で社会的に適応しながら他方で柔軟かつ自由にある種の退行を楽しむことのできる能力。

れており，それがこの方の自己表現の傾向を示していると理解されます。Case Bには心気的な形で不安を処理する傾向はあるものの，時間をかけて，それを何とか合理付けようとする頑張りや，内省力，知力，総合力はあることが示されています。防衛や回復にエネルギーがかかりすぎるという問題は残り，現実適応という面からは不全形になるかもしれないというように考えられます。

原始的防衛機制

神経症水準の防衛機制のほかに，カーンバーグの言う「スプリッティング Splitting」についてもお話しておきたいと思います。一次過程への極端な退行が不連続に起こるとき，そこには神経症水準の防衛機制とは違う自我水準が並存していると考えます。例えば良質の人間運動反応や社会性のある平凡反応が示されているすぐ後で，急に「ぼろ雑巾」のように形態把握力も低く，不良形態反応がスコアされるような反応が続いたとき，しかもその現実適応の失敗に自覚もないようであるとき，そこには観察自我が働いていないと考えられ，原始的防衛が発動されていると考えます。

原始的防衛機制には，以下のものが挙げられます。

(1) スプリッティング
(2) 原始的理想化
(3) 脱価値化
(4) 万能感
(5) 原始的投影・投影同一化
(6) 否認

反応継起の極端さや，テスター／テスティー関係を通して，原始的防衛を読み取っていき，現実検討力や自己観察力のバランスを見ていくことで，理解を進めることが可能になると考えられています。神経症水準で多く活動している自我機能にも，中等度のBPO[注2)]が認められることもあり，強迫防衛が神経症水準で使用されていても，未熟な場合もあり，葛藤を伴っているか否かなど，判断に迷う水準が示されることもあります。こうした時には，質問段階を少し丁寧にして，その言葉尻を読むなど，どのようなニュアンスでいったのかに意味を見出していくよう心掛けていくことが必要になります。

自我の欲動発達／不安の水準／防衛機制／対象関係

下の表1は，前田重治と北山修が自我心理学と対象関係論の観点から力動的なパーソナリティ診断についてまとめたものの加筆修正版です。自我機能全体を，その発達を含めて，対象関係との関係も含めて考えるときに役に立ちます。

表1　自我機能と対象関係の発達図式

<table>
<tr><td>病　理</td><td>精神病</td><td>ボーダーライン</td><td>神経症</td></tr>
<tr><td>発達段階</td><td>一体
一者</td><td>自他の分離／分化
二者</td><td>エディプス
三者（三角）</td></tr>
<tr><td rowspan="2">欲　動</td><td>口唇期</td><td>肛門期</td><td rowspan="2">エディプス期</td></tr>
<tr><td colspan="2">←プレエディプス期→</td></tr>
<tr><td>自我発達の課題</td><td>基本的信頼</td><td>自律・個体化</td><td>セクシュアリティ</td></tr>
<tr><td>不　安</td><td>解体不安</td><td>分離不安</td><td>罪悪感</td></tr>
<tr><td>自我機能</td><td colspan="2">原始的な防衛
（Splitting・投影同一化）
（否認・投影・回避）
（理想化・価値下げ）</td><td>神経症的防衛
（抑圧中心）</td></tr>
<tr><td>対象関係</td><td>絶対依存⇒</td><td>相対依存⇒</td><td>自立に向けて</td></tr>
</table>

注2）Kernberg（1967）は，精神病でも神経症でもない重いパーソナリティの病理を「境界パーソナリティ構造（borderline personality organization）」と名づけ，高水準BPO，中等度BPOにより心理療法の適用を考えるとした。

テストバッテリーの必要性

ロールシャッハテストには，テストの特性から，不安や退行を誘い，これに対応するその人らしいやり方，無意識を含めた自我機能の様子が投映されやすいのですが，意識ではどのように考え，どのように対応するかを知るには，SCT（文章完成法テスト）などのテストバッテリーを組むことが必要と考えられています。SCTでは，その人が意識的にはどのように感じ，どのように考えているかを文字にして表現していますので，無意識的な連想と合わせて，その人を理解していく手立てになります。文字にすることが不得意な場合も，バウムテスト，HTP（家屋・樹木・人物画法テスト），風景構成法などの，描画法なども使用し，テストバッテリーを組むことで，全体的なパーソナリティを把握することになります。ロールシャッハテストの反応は貧困でも，きちんと書かれたSCTがある場合などは，無意識水準と意識水準の違いが分裂して表れていると考えられることもあります。これらを統合して，症状や現状の不適応状況を理解し，今後に向けて役立つアセスメントの報告がなされることになります。

6　どのように心理検査結果をまとめるか

力動的解釈の観点

力動的解釈をまとめる上では，以下の観点を考える必要がありそうです。

(1) その人はどのような刺激に出会ったとき，どのように対処するか
(2) どの程度，自我機能の不全（自我の退行）が生じ，どのように葛藤的になるか
(3) どのような感情や欲動を意識化しやすいか
(4) その欲動や感情は，肯定され，自我に取り入れられているか，または葛藤となっているか
(5) どの程度，葛藤に気付いているか
(6) どの程度，葛藤を調整し修復し立ち直ることができるか
(7) 苦手な状況はどのような特徴を持った状況か

これらの観点から，被検者の様々な側面が見えてきます。それをまとめると，このようになるでしょう。

(1) 自我機能の働き方
(2) 機能低下の仕方
(3) 機能回復の仕方
(4) 欲動や感情の発達の程度と自我化の程度
(5) 自己洞察力
(6) 中心的に用いられる防衛・適応機制と組みあっている種々の機制の相互関係

これらの総合から，その人の日常生活での心的健康と障害のあり方が推測されます。症状や不適応行動の背景に関する力動的理解，見通し，病態査定への寄与などが可能になります。

このような枠組みで読み取った心理検査結果をどう伝えていくかは，それぞれの臨床現場で，検査の目的に応じてさまざまになります。

報告書の枠組み

私は，日常の臨床の中で，報告書を書くときに，概ね次のような枠組みで報告するようにしています。

(1) クライエントの現在の状況――自我機能の様子を中心に

テスト資料から見たクライエントの現状を描写します。一番外側に見えているクライエントの適応パターンについて表現するようにしています。それはクライエントが課題に向かって適応しようとしていつも用いるパターンであることが多いと考えるからです。私たちの自我機能にはかなり柔軟性があり，現実場面で必要な防衛機制を活用しながら現実適応を図っていると考えられますが，十二単のように装われているパターンの，外側からその人を描写するのがその人らしさを伝えることになるのではないかと考えます。

例えば，Case Aは，適応的ではあるが硬すぎる自我機能が特徴で，それがCase Aのメインの社会適応に向かう一番外側の衣といえます。Case Bは，初頭緊張が高まると，心気的な不安がまず高まってしまいやすい特徴があるようで，その後からそれを修正し，調整して自己表現をしていく頑張りもあるのですが，今度はそれがやや過剰防衛となり自分が苦しくなりやすいことが問題となるようです。Case Cは，まず適応的で平均的な対応が可能な方ではあるのですが，そこに留まらず，次に欲動や情緒表現を多く投映した空想力を発揮して，気分優位に主観的な主張や空想を表現したい願望が内在していて，現実適応のためにいつも我慢をしていて，それが発症につながったと推察される，などと描写していくことになります。習慣的に使用するパターンの在り様や，ストレスが加わった時にどのように対応する傾向があるか，その水準や変化の様子はどのようで，柔軟性がどのようかを描写していくことになります。

(2) パーソナリティ傾向

自我の強さと弱さについて，また，自己コントロールの仕方とその成果の在り様について，知的能力や作業力の特徴などからパーソナリティ傾向について描写します。本人を悩ませている内的欲動と，そのあり方を記述していきます。基本パーソナリティの理解については，情緒優位のヒステリー性格傾向や，自己統制優位の強迫性格傾向などの，力動的な理解に基づいたパーソナリティ理解があり，ロールシャッハテスト上で使用されている防衛機制の在り様と水準を考えて，現状の不適応の理解を進めていくことになります。

Case Aは，厳しい超自我にそって堅苦しいほどの自己統制をしているようで，でもそうすることが自分らしいと自負しており，役割に忠実に冷静に行動することを自分に課しており，そうできない自分は，本来の自分ではないと考える傾向があり，そのため元気のない自分を認められない状況が続いている様子です。

Case Cは，開放したい情緒が中に詰まっており，適応のためには我慢して抑圧しなければと思えば思うほど，否認・美化防衛を強めていくことが推察されます。過剰な防衛の末，家族間葛藤の問題に限って記憶が飛ぶということがおこり，その症状が唯一の自己主張という形になっていることが推察されてきます。

(3) 対人関係の特徴

ロールシャッハテストの人間反応の特徴や，人間運動反応に投映された対人関係のあり方や，テスト場面でのやり取りの特徴などから，対人関係の特徴が見えてきます。また，家族関係の実態と問題点について推察されるものに述べていくことになります。学校や会社の中でのクライエントの実態と問題についても，できるだけ読み取れることを報告していきます。クライエントの内的な特徴から読み取れることと合わせて，SCT のように記述されたものから読み取るものもあるし，テスト施行時のやりとりの中から読み取れるものや，テスト時のテスターの逆転移から，考えられるものまでをまとめていくことになります。

(4) 臨床の要請にこたえて

臨床からの要請で，自我機能水準の在り様を求められている時には，心理検査からみえる自我機能の在り様や理解について報告することが必要になります。情緒統制の様子，思考活動の特徴，対人場面での対象とのあり方の特徴をテスト反応やテスト態度から読み取り，それを報告することになります。

精神病水準といわれる様相がテスト上みられても，それがその人全体の中で，どのようなバランスや位置づけにあるか，その状態をどのように自覚できているかいないかで，病態理解も変わってきますし，ほとんど神経症水準で機能しているようでも，刺激によっては一時的に自我の低下がおこる様子が示されているものもあり，依存を巡る問題に限っては境界例水準の脆さを呈しやすいという自我機能の様子が観察されることもあります。テスト上に現れた現象を総括的に報告できることが臨床現場からは要請されているといえます。こうした様子を自我機能の良い面と悪い面とこぼれなく査定し報告するように心がけています。

(5) まとめと今後の展望

現在の内的外的状況を報告する際，本人の持っている治癒力についての報告は大切なポイントになります。現状をどのように改善したいという希望があるのか否か，その意欲の在り様についても，心理検査から読み取れたものの報告としては大事な項目になります。

また，今後の介入の方法についても，コメントできることがあれば記述していきたいものです。

7　心理検査結果の伝え方

心理検査結果の伝え方については，本人に役立つような配慮が必要です。

本人にフィードバックする時は，本人に対して何をどう伝えるのが，本人の気づきを促し，成長の役に立つかという視点で伝えるように，本人が自覚できていないことを押し付けない対話が必要であり，そのためには，1）できるだけ優しくその人を表現する，2）その人がどうやって自分を守っているのかのやり方を詳しく伝えるようにする……そうせざるを得ない気持ちと，そのやり方について伝える。どう困っていて，そこを救うのにどうしているか，その人の側に立って，その人に説明する，3）相手が傷つかないようにする……直面化はクライエントの身になって行う，という配慮が必要と考えます。

本人以外の場合（親や家族，職場の上司や同僚，学校の担任や校長など教員，看護師や保健師など）も，相手の立場や，本人との利害関係などを考慮し，本人にとって不利にならないように配慮をする必要があり，相手に理解されやすい伝え方の工夫が必要といえます。この場合も，フィードバック以前に，伝えることについての本人の了解が必要といえます。

主治医への報告や同業者の場合は，別建てで専門用語を使ったほうが便利ではないかといえます。

これまで述べてきた枠組みをもとに，実際の事例をもとにして，どのような報告書が書かれたかの例をお示ししようと思います。

報告書の書き方の例①――Case D

概　要

Case Dは長年担当部署で活躍した有能な社員でした。半年ほど前から主訴の不安発作が頻発し，医学的な検査を受けるも内科的には問題が認められず，精神科の受診を勧められ，投薬を受けながら気持ちの整理をするためにカウンセリングも勧められました。数回の面接で，今回の不安発作が頻発するようになった直接の原因については，若い青年との恋の破たんがあり，対象喪失とその喪の仕事の不全が症状を引き起こしていることが話されました。他人には話しにくいプライベートな問題を話したことで，症状はやや軽快しました。しかし，まだすっきりとは落ち着かず，不安発作も時々おこるということでした。そこで「現実的なトラブルが身体化を引き起こしているようですが，心の中の問題も何か関係しているかもしれませんね。もう少しあなたを理解するために心理検査を受けてみてはどうでしょう」と主治医から勧められ，本人も同意して，検査が実施されました。

報告書

テスト目的：性格傾向の理解と病態水準について

臨床像：小柄でおしゃれな40代初めの女性。いつも個性的なコーディネートされた服装で，芸術系の創作の仕事が似合い知力を感じる印象。

Summary Scoring Table：

TR＝12　W：D＝10：2　F%＝23　F＋%＝100

Rej.＝0　M：ΣC＝4：3.5　ΣF%＝75　ΣF＋%＝50

RT＝36″　FM＋m：Fc＋c＋C′＝2：2.5　R＋%＝58

R1T(CC)=11″　Ⅷ＋Ⅸ＋Ⅹ/R＝25%　H%＝33　A%＝25　At%＝8

R1T(NC)＝5″　FC：CF＋C＝1：3　P＝3

MDC＝Ⅸ,18″　FC＋CF＋C：Fc＋c＋C′＝4：2.5　CR＝7(8)

M：FM＝4：0.5　DR＝7(4)

スコアからの理解：

反応数は少なく，自己表現はかなり制約された形をとっている。しかし，反応時間も素早く，課題への取り組みは意欲的で対処力は認められる。W% は高く，統合的に物事を処理しようとする傾向が示されている。M＝4，ΣC＝3.5 と総反応数が少ないにもかかわらず，数値は高く，体験型は両向性を示している。外の刺激にも敏感に反応し，内面でも活発に考えるタイプ。CF＝3 で，情緒刺激に対しては，揺れ動かされやすく，ややコントロールが悪くなることがあることが示されている。H%＝33 で，対人関係への敏感さがあることが示されている。F＋%＝100，ΣF＋%＝50 で，なるべく客観的・合理的であろうとする姿勢が前面に出ているが，CF も多く，情緒刺激に巻き込まれて現実適応を手放してしまうこともやや多い様子。CR は豊かで，表現力や知識はある。X-ray，At，sex など心気的な形で不安を表現しやすい傾向もみられる。

検査結果の報告：

①〈内面の豊かさ〉

反応数は 12 と少ないが，空想が膨らみ，刺激に対する敏感さと，退行を楽しむ姿勢が示されている部分も多く，表現力の豊かさがあり，それはDさんの職業（出版関係）に役立つ力であることが納得できます。

②〈不安の強さ・揺れ幅の大きさ〉

不安緊張の高まりやすい場面では「骨」「骸骨」「女性器」など，内臓反応や身体反応が多く示されています。外界の情緒刺激に対する敏感さ・不安の強さは，かなり高く，心気的な形で，この不安に対応しがちな傾向が示されています。不慣れな場面へは臆病になり，なるべく見知った中で，その中で安全に自分らしく表現していこうとする消極性が身についている背景には，この心性が影響していることが推察されます。

③〈理想化傾向とその裏側〉

Ⅴカードで「こうもりの王様」，Ⅳカードでは「悪魔の生贄と羊の首」，Ⅹカードで「悪い人と戦うみんなを助ける人」，Ⅱカードで「古いお城とドラキュラ」など，テーマにはやや過剰な投映が示され，説明を加えるほどに激しい世界が描写されています。表現力は豊かで，適切な言葉の使用と，現実検討力の確かさが認められる形での表現となっています。意識の上では「邪念のない美しい心でいること」を心がけ，強調していますが，内面には分裂排除された不快感に満ちたものが連想されやすいようです。自我機能は理想化防衛を常に行いながら，その反動の邪悪な世界が様々に連想され，そのために対象を脱価値化し，統合不全がおこり，対象との距離の取り方に苦慮していることが推察されます。現実検討を求めると，抽象化・知性化を盛んに試みて頑張り，かなり表現力や現実検討力はあることが示されています。ただ，観念過剰になりやすく，客観性を照合するより，内的な思い入れを語ることのほうに関心が向きやすい傾向がみられます。

④〈対人関係の回避傾向〉

連想された人間反応は，非現実化されているものが多く，対象を過剰に良いものに仕立てあげたり，過剰に悪者にしてしまうなどの操作がおこりやすいこと（投映）が示されています。現実の対人関係はこうした内的な操作を要する不安のために，ごく安全な対象に限定されるか，回避傾向になりやすいことが推察されます。

⑤〈自我機能水準とパーソナリティ傾向〉

本テストからは，現実検討力には問題がなく，表面上は社交的にふるまっていますが，内面には上述のような心性が潜んでおり，病態を考えると高水準の境界的水準（BPO）の心理構造を持っている人と考えられます。理想化傾向の強さは，自分の内面にある攻撃性・邪悪さ・狡さなどの否定的な感情を自我に統合することを拒んでおり，基本的な性格にやや偏り・硬さを残しています。しかし，現実離れすることが生かせる職種であり，自己愛的な人格がいかせた職業選択をしていると考えられます。

先ほどの表で見ると，ほぼ神経症の領域にあり，発達水準としてもエディプス期にあり，三者関係を保って，神経症的防衛を使用していることが多い人と理解されます。しかし，時に分離不安が強まるとボーダーライン水準の分離不安が強まり，寂しさ・孤独感が強まり，その防衛として投影が過剰になることや，理想化・脱価値化など原始的防衛を発動させる脆さがあると考えられます。現実検討力はしっかりと保たれており，自分の個性的な面を打ち出して，仕事に生かしており，これが前へ進む力となっているといえます。

SCT からは以下のようなことが理解できました。

＊〈全体に記述力がある〉
内面を言葉で語る力があることが伝わる文章が多くみられます。「私の嫌いなのは……邪悪な心。人を傷つける利己主義者，偽善者，狭い心」「争い……世界中に美しい心が満ち溢れていれば，何の争いも，他との争いもなくなるのに，と思う」などと，「魂の平和」を強く求めており，理想に向かっていきたいという姿勢が強く示されています。それをあまり追求すると実在しないものかもしれないと感じながら，なお，純粋でありたいと思い続けているところがあり，葛藤を生きつづけているところがあるようです。

＊〈敏感さと臆病さ〉
この敏感さから，内的な緊張は高く，外界へは臆病な対処となりがちで，安定性を求めると活動範囲が限定されやすいことが推測されます。

検査結果のフィードバック

主治医へはスコアリングを含めた所見の全てを報告し，さらに口頭で，受診のきっかけとなった青年との恋の問題のほかに，長年関係のある同居人との関係を巡る葛藤が深くあることを伝えています。主治医は，Dさんの変則的でありながら創造的な業界で，きちんと仕事ができている社会性の高さを評価しており，内省傾向もあることから，洞察的心理療法の可能性を評価し，継続面接への導入を提案，本人も納得して面接に入ることになりました。

ご本人へのフィードバックは，まずSCTに書かれている言葉を使いながら，理解できたことを伝えました。ロールシャッハテストについては，理解力がある人と思われましたので①②③④を率直に伝えました。結果についてはほぼ了解しましたが，③の「理想化傾向とその裏側にある気持ち」に関しては，「自分の邪悪さを指摘された」「邪悪な自分は認めがたい」と抵抗も示しました。この先のカウンセリングを必要とするかどうかについて尋ねると，「オーロラをながめるような気持ちでいたい。絵，音楽，芸術の世界は汚れていない。だからその世界に入り込んでいたい」と，自己愛的空想の世界を手放したくない気持ちも強く，少し躊躇う様子でした。しかし，心理検査の結果を率直に受け止める自己理解力もあり，結局「自分には鏡が必要。一人だと自分の醜さにつぶされてしまって生きていけない」と，面接の継続を希望し，面接が続くことになりました。

フィードバック後の面接経過から

その後の面接からは，以下のようなことが語られました。20代前半から，職場では活躍していましたが，20代後半になりトップを走ることのストレスが強く，それを緩和するため，仕事優先で突っ走る生活からは引いて，自分のペースで仕事も私生活も営んできたこと。ストレスの緩和に優しい同居人がいたこと。しかしそれも13年ほどたって，中年期を迎え，楽しいけれど，一方で，同棲相手に下女のように仕えてしまう生活に違和感が出てきたことなどが語られ，同居人との同棲は解消したようでした。その後，自分の出版担当になった若い男性と恋に落ち，妊娠をし，その妊娠をめぐって青年との恋が終わったことなどが整理し直されてきました。その後もパニック発作が増えて，その度にもとの同居人が来てくれることなどがわかってきました。依存を巡る基本的な対象関係の問題や，中年期の問題などが整理され，面接は終了になりました。

心理面接で気をつけたことは，本テストの所見から，面接では本人の語る理想化傾向や願望をよく聞きながら，分裂排除されがちな否定的な情緒や相手に対する攻撃性などにも焦点を向けるように配慮することでした。この事例は，一見適応的に見える日常生活の奥に，境界例心性が潜在しており，それが，寂しさや虚しさや孤独感を生み出しており，現実生活上のストレスをきっかけに症状化して定着したと考えられ，心理検査結果の理解から，心理面接への予測や注意点として活用されたことになります。

報告書の書き方の例②—— Case E

もう1例，担当面接者に向けて書かれた報告書をお示しします。

概　要

Case Eは，40代半ばからうつ状態になり，5年ほどの経過があり，投薬治療の効果も初期にはあったものの，抑うつ状態が改善せず，医療的援助以外の援助をもとめて，心理相談室に来室されました。面接担当者から依頼があり，検査結果は面接担当者に報告しました。その後主治医からの要請があり，報告書を纏め直して報告した事例です。

主　訴

「うつがなかなか治らず，仕事の能率が低下しているので何とかしたい」

経　過

5年ほど前からきっかけなく早朝覚醒・寝付けないということで診療所を受診。当初は「うつ病」と診断され，服薬治療を受けていました。不眠は改善したものの，不安感が残り，何回か短期休職をし，勤務に戻っていますが，思考力の低下，慢性化し遷延化した軽度から中等度の抑うつ状態が持続していました。自覚的には，きっかけはないと言われていますが実際にはそのころ身内に体調を壊す人や亡くなる方がいたり，単身赴任をするなど，環境に変化があったようでした。

予備面接

予備面接では，その背景に「悪いのは自分だと考える抑うつ心性」や「厳しすぎる超自我がありそう」と判断されており，このため内省指向的な面接が有効かどうかは難しいかもしれないと考えられていました。しかし，本人の希望もあり，長引く局面の打開のために面接が導入されています。

検査目的

表面上性格の偏りが見えにくいうつの人ですが，「これからの治療面接を行う際の参考になる資料を」と依頼が来ています。

報告書

テスト態度

中肉中背で50代の紳士然とした男性。企業に勤務し，それなりの役職にある落ち着いた雰囲気で，会社帰りのきちんとした背広姿で，予定通りに来室し，検査の説明への了解も良い。所作は丁寧で，全体にゆっくりしている。検査終了後，既定の料金を支払い，ゆっくりと立ち上がり「ここでコートを着ていいですか」と尋ね，ゆっくりと着て（襟の一部が中に折れたまま）退室する。（コートの襟の中折れなどは頓着しない風情のある人。もっと大切なことはきちんとできており自分の責任として行えるが，そうした細かいことは周囲の者にまかせている風情がある。）

スコアの特徴

TR＝24	M：ΣC＝2：3.5	F%＝29	ΣF%＝83
	FM＋m：Fc＋c＋C′＝2：9.5	F＋%＝85	ΣF＋%＝80
W：D＝8：14	Ⅷ＋Ⅸ＋Ⅹ/R＝42%	R＋%＝66	
Dd%＝8.3%	FC：CF＋C＝1：3	H%＝20	A%＝58
	FC＋CF＋C：Fc＋c＋C′＝4：9.5	P＝6	
		CR＝7	DR＝9

スコアからの理解

生産量は平均量。反応時間も短く，揺れ幅なく，安定して連想が示されている。形態把握も妥当で社会性のある反応が続いており，後半の多彩色場面では，取り扱いの平易な部分反応が続いている。全体を捉える姿勢も示されてはいるが，分離分割して課題をこなしていく姿勢が定着している様子。内的な活動性を示すといわれている人間運動反応も数多くはないが示されており，色彩にも陰影にもまんべんなく関心が示されている。形態水準も保たれており，客観性のある平凡反応も多くしめされて，知識や関心の幅も広く，決定因も多くみられ，基本的な自我機能の分化，発達はあることが示されているスコアといえる。

しかし，被検者の学歴や職歴から考えると，上述の受け身的な課題への対処の仕方は，やや防衛的であり，また，抑うつを反映するといわれている黒さにはかなりの高さで反応しており（FC′=6），検査態度全体が元気のない抑制のきいたものとなっている。FC′の多さは，抑うつ感の強さと不快感の高さを反映しているとも考えられているが，それも形態を伴って合理的判断の中に収まったものとして扱われている。もともと感情を閉じ込めて対処することの得意な，知性的で合理的な強迫性格傾向のある人であったと思われるが，現在はこの性格防衛が過度に発令されていて，柔軟に考える力も乏しくなり，現実適応に目いっぱいで，生き生きした自分らしい自我活動が示されず，窮屈な思いでいるのではないかと推察されるスコアといえる。

所　見

所見は以下のように報告しました。

(1)〈消極性・受け身性〉

指示に従って連想が始まるが，連想はあまり活発ではない。促されると，ひとつふたつ反応が増えることもあるが，全体に消極的。質問段階に入っても，受け身的に間違いなく課題をこなしていくが，積極性が感じられない姿勢が続いている。現実検討力は認められ，妥当で間違いのない対応が続いている。少しテスト場面に慣れると「形態のほかに，色もそう思った理由である」と自発的に述べることもある。テスト状況の中で，本人が理解したものは，前向きに対応していることが伝わり，状況の理解・判断力・対処力が，表面の消極的な様子よりは，優れていることが理解される。

(2)〈外界への敏感さ〉

色のついた場所へ目をひかれたり，空間に目をつけたり，濃淡に気づいたり，外界の情緒刺激への観察力があることが示されている。しかし，多彩色カードで反応数が増えるなど，色にひきずられて内的活動が活性化していると推察されるときも，現実検討の中に「色からそう思った」ことを表明することはなく「形がそう思いました」と，言い切る。客観性や合理性を理由に判断する姿勢が前景にあり，情緒的なものは切り離して冷静な対応をする姿勢が一貫している。これはこの人のパターンとして持続しているものと思われる。冷静沈着を旨とする姿勢が，自分らしさとして取りいれられており，現実場面での適応パターンでもあり，性格防衛として本人に安定できる位置でもあるようである。このあり方は少しかたくなで，必ずしも適応的ではないのだが，ここに身を置くことで安定を保とうとする防衛的な意味があるものと推察される。

(3)〈堅実な外界対処力〉

連想内容の形態把握も，あいまいなものは扱わず，分離分割してはっきりと第三者にも了解できるものだけを取り扱っている（D＝14，dr＝2)。これは，現実適応という点からは失敗はないが，やや柔軟性なく，活気のなさも相まって，この人全体の適応の評価を下げてしまうものとなっている。

(4)〈抑うつ感〉

図版の模様の「黒さ」には，かなり頻繁に言及しており（FC′＝6，C′F＝1)，本検査のこの数値からは，抑うつ気分の高さがあることが仮定される。しかし情緒表現を避ける傾向があり，抑うつ気分を表明することは少ない。漠然とした不快感や抑うつ感は持続していると考えられる。

(5)〈反応に投映されているテーマ〉

反応内容には「犬の顔」「普通の猫の顔」など単純な動物反応が多く示されている。また，「子ども」「子犬」「ネズミ」などの小動物や，「女」「子ども」など，保護されるべき対象としての人間像や動物反応が多く，成人男性像は見られない。自己同一化の方向は，保護されるものに向いていることが推察される。また一方で，Ⅳカードでは「モンスター。非常に背が高く，見上げていて，圧迫感がある。毛がもじゃもじゃしている」，Ⅹカードでも「赤いマフラーを着た怪人。マフラーがバーッとなっていて，手を広げていて威嚇しているように見える」など，巨大で怖い対象が接近してくるテーマも示されている。表面では，防衛的な対応で現実適応を図っていて，それは一応成功しているかにみえるが，内面ではとてもびくびくしたものがあり，相手からの圧迫や威嚇に脅かされやすい不安があることが推察される。また，逆に威嚇する側への同一化願望も奥にはあるかもしれず，元気のよい時には相手を威嚇して進んでいける面を持ち合わせているのではないかとも考えられる。

(6)〈テスト施行時の逆転移〉

検査施行時に，テスターが感じた逆転移は，この事例に特異的なものであったので，このクライエントから投げ込まれているものとして理解し，クライエント理解に加えていきたいものと考える。その逆転移とは，①非常に従順に検査を受けている，②対応にこの人なりの方法で気を使っているという緊張が伝わってくる，③あまりたくさんの表現をしないが，言葉の使い方へのこだわりや，間違いのないものを応えようとする姿勢が強く感じられることなどから，テスターも専門家として対応を間違えないようにという緊張感だった。クライエントにとっては，検査を受けている場面は緊張の高いものではあるけれど，少しなじんで様子が見えてくるとリラックスできる人もいるが，このクライエントはそうではなかった。こうした逆転移はそんなに頻繁に起こるものではなく，この事例に特有のものとして理解される。

(7)〈引きこもり傾向〉

自分から情緒や気持ちを話そうとせず，表面の適応を心がける姿勢は一貫しており，テスト場面に適応しようとしており，素直さも感じられるが，安全な自分の殻の中へ引きこもりがちな傾向があるといえる。

(8)〈病態について〉

本検査からは上述のような，抑うつ傾向を内在しながら，感情閉鎖しやすく，強迫防衛を使用する傾向が示されている。現在は，抑うつ感をあまり強く実感していないように見受けられる。硬い性格防衛の中にいて，率直に情緒体験をすることは苦手な人と思われる。

SCT の報告書

SCT については以下のような報告をしました。

＊小さめの字で，きちんと記入されている。

＊自分自身についての振り返りも，客観化された記入になっている。

＊トーンは低めで，子どものころから泣き虫で，友達にいじめられ泣きながら帰ってきた。よく優等生とみられていると思うが，実際にはそれほど優秀でも真面目でもない。得意になるのは何だろうか，最近はそのような記憶がない。得意な趣味もない。けんかも負けてばかりだった。他人の言い争いを耳にしただけで逃げ出したくなる。できないことが多すぎてかぞえきれない。生きる上での基本スキルが欠けているなど，自己評価は低く，元気がない。記述力はあるが，生きる希望や目標が持てず，ひどく意欲のない状態にいることが伝わる。

＊「時々，朝の通勤の途中で，このまま会社をさぼってしまいたい」願望があることが述べられている。「自殺したいと真剣に考えたことは

ないが，駅のホームでふと入ってくる電車に飛び込んだらどうなるかと考えることはある」とも述べている。

*「親友や人生の師にこれまで巡り合えなかった，巡り合っていたのに自分で気がつかなかっただけかもしれない」「野心はなかった，静かに生きていければそれで十分と思っていたが，その結果，先が見えなくなった」とも述べている。

*家族については「生きていたらゆっくり酒でも飲みながらいろいろ話してみたかった」と，10年前に亡くなった父を慕っており，「もし母が生きていたら，なにくそ！という気持ちで頑張らなければだめと，今頃怒られているだろうが，頑張れなくなった」と，書かれている。クリスチャンで，ボランティア活動なども熱心だった母の励ましを取り入れて頑張ってきた様子が窺われる。

*両親を含め，死に立ち会ったことがないとも記述されており，対象喪失とその mourning が未完なのではないかとも推察される。両親も，人生の目標も，生きる喜びも，突然なくなってしまい，希望のない状態の中に留まっているのか，これ以上の記述は見られない。

報告書の伝え方

この報告書は，依頼者である面接担当者に向けて書かれました。(1)～(4) は主にクライエントの心理検査から読み取れる現在の状況の描写です。(5) は，パーソナリティ傾向につながる側面を述べ，(6)～(7) はテスト場面での対人関係機能の特徴から，一般的な場面での関係性の持ち方を推測させるものであり，(8) はまとめと，今後の展望になります。ロールシャッハテストから読み取れる状態像や，自我機能の在り様について述べ，一番外側に見えている適応パターンとその質，パーソナリティ傾向とその硬さ，引きこもりがちな対人関係の在り様を書きました。SCT に本人の言葉で述べられている葛藤，苦しさ，現実生活が保てないかもしれない危うさなども，報告しました。内面にうごめいているものが感じられていながら，硬い自我の壁につつまれて，率直な情緒表現は伝わりにくい人であることが特徴です。

*

以上の報告に対し，依頼者から次のようなコメントが返ってきました。

「『子どもの頃から情緒的に抑え気味で，勉強はするが，好奇心も楽しみも弱く，親・姉を含めて対人関係が薄く，職場の中でも全体を見ないで与えられた部分だけを見て対応している』という面接の中の話と一致する結果だと思います。ずーっと引き続いているこの人の在り様が，クールで抑制的で，性格防衛として固定しているのかもしれません」と。

その後も面接は継続していましたが，3カ月後に主治医から「うつの程度が心理検査でどのようにでているのかを教えてほしい」との依頼がありました。診察の中で，主治医がこの方の「うつ」を感じることができなかったようです。

そこで，以下のような心理検査要約をお送りしました。

以下のようにご報告します。

1）ロ・テストの反応数は24であり，反応数としては平均量といえます。精神活動性は，それほど低下してないといえます。

2）抑うつの一つの指標である黒への反応数は7であり，総反応数からして多いといえます。この点は抑うつ状態にあることを示しています。しかし，感情に巻き込まれている様子は見受けられません。

3）反応時間は短く，かつ，安定しており，現実的にも対応できています。感情抑制的に，そして知性的で，合理的な思考を優先させる形で，外界処理を進めている傾向がみられます。

4）自我柔軟性という点からは，もう少し自由であるほうが現実適応は楽に行えるのではないかと考えられ，やや防衛が硬すぎる状態にあるのではないかと推察されます。

5）現在の状態の背後には，自我機能の硬さと柔軟性のなさなどのパーソナリティ傾向があると推察されます。

6）以上のことから，うつ状態としての①うつ病，②退行期うつ病，③重篤な神経症的うつ病，④神経症的うつ病，のどの特徴にも分類できにくいといえます。やや強迫的な防衛力が，現実適応のために使われていて，適応水準としては十分なバランスをもって行われていると判断される水準にいると思われます。ただ，本人としては防衛が硬すぎて，不自由で窮屈な思いをされているのではないかと思われます。

これに対し，面接担当者も「私も，対応していてこの方がうつであることをあまり実感できません。それにパーソナリティが硬くて，なかなか動きが生じません」とコメントしています。

主治医からのお返事は以下のようでした。
「クリニックで実施したクレペリン検査の結果は，作業曲線の変動がなくて，一定の速度があり，間違いが一つもなく，作業量は中の上だったことからも，うつ状態とは認めにくい，強迫的なところがあると判断している。心理検査所見もうつとは言えないということなので，うつ病の薬を減薬する方向を検討していく」とのことでした。

また，面接では，このような主治医の話を受けて，本人は何かさっぱりされたようで，ご自分の性格などについて探索的な動きが面接で見られるようになりましたと，報告を受けています。

＊

報告書を書くとき，この例のように，面接担当者や主治医と交流がもて，目的に応じて報告書が進化して書き換えられ，臨床に役立っていくことはうれしいことです。心理検査からの理解と，その報告の仕方と，その後の依頼者たちとのやり取り・コミュニケーションのあり方の一つの例をお話しました。

8　精神科医からの要望

『臨床心理学』(2003年7月，金剛出版）で，精神科医でもあり臨床心理士でもある古井景は次のように述べています。「医師が臨床心理アセスメントに期待するものは，臨床心理学の専門用語に基づいた臨床心理検査報告である。臨床心理学の立場からすれば○○○と考えられると報告してほしい。これが臨床心理学への期待である。知的機能の様子，自我機能の様子，防衛機能，対人関係機能，適応機能がどのようで，年齢相応かどうか，自我境界や自我の二次的自律機能の脆弱さはどうかなど，臨床心理学の領域の中の問題にきちんと対応してほしい」という趣旨が述べられています。これはどの臨床現場にあっても言えることで，私たちはこれができるように努力をしていかなければならないと考えます。

『こころの科学』(2015年11月，日本評論社）でも，「治療に活かす心理アセスメント」の特別企画が組まれ，中村晃士も「精神科医は心理検査を臨床にどう活かすか」という題でこう書いています。「精神科医療の中で，心理検査をオーダーするのは，①治療の初期に診断や治療方針に迷ったり裏付けが欲しい時，②患者が客観的な指標を必要としている時である。診察をしていく中で一番大事なことと思っていることは病態水準の把握である。近年の患者の見立てが一元的になりがちなのは否めない。しかし，症状はその病態からくる一表現形であり，その病態の重さがどの程度であるかを知っておくことが臨床上は重要であると考える。それは薬物療法の選択にも影響するであろうし，予後や患者の今後の社会生活をどう組み立てていくかにも大きくかかわってくる。この病態水準，すなわち神経症水準であるのか，境界水準であるのか，精神病水準であるのかを見極めるために必要なのがロールシャッハテストである。」と述べられています。

また，「病態水準自体も病期によって変わることもあり，いくつかの心理検査を組み合わせることによって，その見立てはより深いものになる。」「この他にも，知的な能力を測るためにWAIS（ウェクスラー成人知能検査）やWISC（ウェクスラー児童知能検査）も役立つ。このほかSCT（文章完成法テスト）とP-Fスタディ（絵画欲求不満テスト）もよく使用する。日頃どのようなことを考えているのかを把握したり，どのような語り口で，どのような思いを文章にして書くのかによって知的な能力を把握するのにも有用であり，心の在り様を知ることができる。P-Fスタデイもストレス場面での患者のふるまい方，葛藤状況を心理的にどう収めるのか，また収める力があるのかもみることができる」と述べています。

*

こうした心理検査に理解のある精神科医たちの期待に応える報告書を書けるように研鑽を積んでいきたいし，努力していきたいものであります。

第2部
ケーススタディ

吉村　聡

第２部では，実際の事例を素材にして解釈のまとめと所見を提示することで，どのようにしてテスト結果を読み取り，まとめるのかという点について，考えてみたい。

なお，提示した事例にとどまらず，心理検査の解釈や所見をまとめる上で，一般的なヒントになりそうな事柄については，適宜，「コラム」としてまとめている。

1　事例概要：CaseF

来談までの経緯

文科系専門職として働く30歳代女性のFさんは，結婚を目前に控えて今後の生活に不安を感じるようになり，私の関わる心理相談専門機関を訪れた。これまでにも抑うつ気分を主訴に同じ相談機関で心理療法を受けたことがあり，その経験から，今回の来所に至ったことが語られた。

主　訴

今回の主訴は，離人感と不眠と抑うつ気分だった。しかしそのいずれも，精神医学的な意味で「症状」と呼べるほどのものではないことが，医師によって確認されている。

Fさんは，もともと人との距離の取り方がわからないと感じやすく，また，ときおり自分が何かの膜の中にいるような感覚に襲われることがあったという。漠然と怖いという感じがつのって外出に困難を感じる時期もあったが，この不安は過去の心理療法にて軽減されたらしい。しかし，交際していた男性との結婚が決まって，結婚後の仕事や生活に不安を感じるようになったこと，とりわけ婚約者に家事について苦言を呈されて身体が硬直して動けなくなったことをきっかけに，もう一度，心理療法を受けたいと思ったことが明らかにされた。なお，面接を担当した前任者はすでに退職していたため，同じ機関に勤める私に紹介されることになった。

家　族

原家族は，理科系専門職の父親，Ｆさんが20歳代のときに病死した母親，同じくＦさんが中学生のときに母親とは別の身体疾患で亡くなった姉，会社員の兄である。母親はＦさんにとって手の届かない存在として感じられていたようである。長い闘病期間，母親の看病に専心したが，母との死別後，抑うつ症状を訴えていたことも語られた。

心理検査

心理療法導入にあたって，今後の心理療法の参考にするために，面接者による心理検査が実施された。ロールシャッハテストを受けるのは，医療機関を受診した10年ほど前に続いて二回目とのことだが，そのときの記憶はほとんどないようだった。

なお，本書で以下に論じられる検査所見は，主治医（依頼者）にあてたものを想定してまとめられている。実際のこの事例では，面接者による判断で面接者が心理検査を実施しているために，いわゆる「検査依頼者」は存在していない。

2　ロールシャッハテストの結果と解釈

今回報告するロールシャッハテストは，包括システムに拠って実施された（ただし例外的に，初発反応時間を計測した）。検査実施者は面接担当者（吉村）である。

この一事例に対して，本書では2人の臨床家（加藤志ほ子，吉村聡）の所見を提示する。

吉村は，通常，包括システムによる解釈に力動的な継起分析を加えながら事例を理解している。加藤は，片口法による形式分析と継起分析で事例を解釈し，所見を作成している。

この両者の所見を提示するため，ここでは，包括システムによる解釈，片口法による形式分析，そして継起分析（包括システムと片口法のどちらにも対応）を示している。

包括システムによる構造分析

構造一覧表は，表2と3に示すとおりである。なお，プロトコルの詳細は，以下の「継起分析」の節を参照されたい。

Fさんのロールシャッハプロトコルは，特殊指標のいずれにも該当しなかった。つまり，包括システムの記号体系との比較で見たときに，自殺の可能性（自殺指標S-CON），いくつかの重要な臨床状態（知覚と思考の指標PTI，抑うつ指標DEPI，対処力不全指標CDI，警戒心過剰指標HVI，強迫的様式指標OBS）などとの明瞭な類似は認められていない。

表2 事例Fのロールシャッハ・スコア（包括システム）

Card	Resp	Loc(DQ)	Loc No	Determinants(FQ)	2	Content(s)	P	Z	Special Scores
I	1	W+	1	Ma.C'Fo	2	H,Cg,Id		4.0	GHR,COP
	2	Wo	1	Fo		An		1.0	
II	3	W+	1	Ma.CFo	2	H,Bl		4.5	GHR,COP,MOR,DR
III	4	D+	1	Mao	2	H,Cg,Id	P	3.0	GHR
	5	Dv	2	Fu	2	Fi			
IV	6	Wv	1	TFo		Ad			MOR
	7	Wo	1	Mao		(H)	P	2.0	GHR
V	8	Wo	1	FTo		A		1.0	
VI	9	Wo	1	FTo		Ad	P	2.5	INC,MOR
	10	Wo	1	Fu		Sc		2.5	
	11	Wo	1	F-		Fd		2.5	MOR
VII	12	Do	5	Fu	2	Fd			DV
	13	W+	1	FMp-	2	A,Id		2.5	INC
	14	Wv	1	mp-		Art			MOR
VIII	15	W+	1	CFo	2	A,Ls	P	4.5	
IX	16	W+	1	ma.CFu		Hh,Fi		5.5	MOR
	17	W+	1	ma.FDu		Sc,Fi		5.5	
X	18	W/	1	CFu		Art		5.5	
	19	Do	1	Fo	2	A	P		
	20	Do	7	F-	2	(H)			PHR
	21	W+	1	Ma.ma.CFu	2	(H),Fi,Cg		5.5	GHR

鍵変数と解釈戦略の策定

鍵変数には「D<Adj-D」が該当し，さらに第3の変数として「CF+C>FC+1」があがった。したがって本事例の解釈戦略は，①統制と状況ストレス，②感情，③自己知覚，④対人知覚，⑤認知の3側面（情報処理，媒介，思考）の順になる。

なお包括システムでは，自己知覚のクラスターなど，いくつかのステップで反応を具体的に検討することが推奨されている。しかしここでは，後にすべての反応語を検討するプロセス，すなわち継起分析を行うため，一つひとつの反応の検証は必要最小限にとどめている。

統制と状況ストレス

反応数は平均的で（R=21），過剰に萎縮しているわけでも自己拡張的になりすぎているわけでもない。DスコアやAdj-Dスコアはプラスの値で，自分自身のバランスをとるだけの力が備わっていると考えられる（D

表3　事例Ｆの構造一覧表（包括システム）

Location Features

Zf = 15	
Z.Sum = 52.0	
Z.Est = 49.0	
W = 16	
D = 5	
W+D = 21	
Dd	
S	

Developmental Quality

+ = 8	
o = 9	
v/+ = 1	
v = 3	

Form Quality

	FQx	MQ	W+D
+ =			
o =	10	4	10
u =	7	1	7
- =	4		4
none =			

Active - Passive

Ma = 5	FMa	ma = 3
Mp	FMp = 1	mp = 1

Determinants / *Contents*

Blends	Single	Contents
M.C′F	M = 2	H = 3
M.CF	FM = 1	(H) = 3
m.CF	m = 1	Hd
m.FD	FC	(Hd)
M.m.CF	CF = 2	Hx
	C	A = 4
	Cn	(A)
	FC'	Ad = 2
	C'F	(Ad)
	C'	An = 1
	FT = 2	Art = 2
	TF = 1	Ay
	T	Bl = 1
	FV	Bt
	VF	Cg = 3
	V	Cl
	FY	Ex
	YF	Fd = 2
	Y	Fi = 4
	Fr	Ge
	rF	Hh =1
	FD	Ls = 1
	F = 7	Na
		Sc = 2
	(2) = 10	Sx
	P = 6	Xy
		Id = 3

Approach

Ⅰ	W+,Wo
Ⅱ	W+
Ⅲ	D+,Dv
Ⅳ	Wv,Wo
Ⅴ	Wo
Ⅵ	Wo,Wo,Wo
Ⅶ	Do,W+,Wv
Ⅷ	Wo
Ⅸ	W+,W+
Ⅹ	W/,Do,Do,W+

Special Scorings

	Lvl-1	Lvl-2
DV =	1 (×1)	(×2)
INC =	2 (×2)	(×4)
DR =	1 (×3)	(×6)
FAB =	(×4)	(×7)
ALOG =	(×5)	
CON =	(×7)	
Raw Sum6 =	4	
Wgtd Sum6 =	8	

AB	GHR = 5
AG	PHR = 1
COP = 2	MOR = 6
CP	PER
	PSV

Control

R = 21	L = 0.5	
EB = 5 : 5.0	EA = 10.0	EBPer = N/A
eb = 5 : 4	es = 9	D = +0
	Adjes = 6	Adj-D = +1
FM = 1	SumC′ = 1	SumT = 3
m = 4	SumV = 0	SumY = 0

Affect

FC : CF+C = 0 : 5
PureC = 0
SumC′ : WSumC = 1 : 5.0
Afr = 0.50
S = 0
Blends:R = 5 : 21 (24%)
Col-Shd Blends = 0
CP = 0

Interpersonal Perception

COP = 2	AG = 0
GHR : PHR = 5 : 1	
a : p = 8 : 2	
Food = 2	
SumT = 3	
H-Cont = 6	
PureH = 3	
PER = 0	
Isol Index = 0.05	

Ideation

a : p = 8 : 2	Sum6 = 4
Ma : Mp = 5 : 0	Lv2
2AB+Art+Ay = 2	WSum6 = 8
MOR = 6	M-
	Mnone

Mediation

XA% = 0.81
WDA% = 0.81
X-% = 0.19
S- = 0
P = 5
X+% = 0.48
Xu% = 0.33

Processing

Zf = 15
W : D : Dd= 16 : 5 : 0
W : M = 16 : 5
Zd = +3.0
PSV = 0
DQ+ = 8
DQv = 3

Self Perception

3r+(2)/R = 0.48
Fr+rF = 0
SumV = 0
FD = 1
An+Xy = 1
MOR = 6
H : (H)+Hd+(Hd) = 3 : 3

PTI = 0 [ ]	DEPI = 2 [ ]	CDI = 1 [ ]	S-CON = 4 [ ]	HVI = [No]	OBS = [No]

＝＋0, Adj-D＝＋1)。十分なEAがあり（EA＝10），M反応やC反応の形態水準が良好であることから，統制力にまつわるこの所見は，Fさんの対処力の一端を示すものとして考えていいだろう。

一方で，FMが乏しく体験型も不定型のFさんは，自分自身の欲求や衝動を率直に実感することが難しく，そして物事に取り組む際の自分なりの対処スタイルが身についているわけでもないようである（FM＝1, EB＝5:5.0)。おそらく「どうしたらいいのだろう」という状態になりやすいFさんは，内にあるはずの欲求願望にまっすぐ耳を傾ける代わりに，頭で考えるか（M＝5)，不安緊張で分からなくなるか（m＝4)，どちらかになりやすいのだろう。あるいは，Maとmaのブレンド反応もあることを考えると，考えながら不安にとらわれている（一見知的に落ち着いて考えているようにみえるときでも，実は不安緊張感が併存している）ことがあるのか

コラム1／統制力指標としてのDスコアとEA

包括システムにおけるDスコアやAdj-Dスコアは，統制力の指標として知られている。同時に，Exnerはこの指標が必ずしも実際の適応を反映していないことにも注意を促している。

それでは本人なりの統制バランスではなく，実際の適応を反映した統制バランスを見るためには，どうしたらいいのだろう。

私には，Dスコアを見るときに必ず一緒に見ている指標がある（こうした解釈視点の多くは，Exner Japan Associatesの中村紀子先生から教えをいただいた)。一つはM反応の運動の性質であり，もう一つはM反応と色彩反応の形態水準である。

もしDスコアがプラスであったとしても，Dスコア算出に必要なEAを構成する人間運動反応や色彩反応の形態水準が不良であったなら，そのDスコアには信頼をおきにくいかもしれない。また，人間運動反応がほとんど受動的なものばかりであるなら，それはほとんど形態反応Fと同じであって，積極的に適応に活用できるほどの思考力や共感性を十分に示しているとは言えないかもしれない。

一つの指標の意味を考えるときに，その指標がどのような変数から構成されているのかを考えることで，指標の解釈的意義は，拡張する可能性があるといえるのではないだろうか。

もしれない。

豊かな資質をもっていることを考慮すれば，いつでも不安に巻き込まれているとは考えにくい。しかし，穏やかで落ち着いた状態にないときのFさんは，少なくとも本人にとって相当に居心地が悪く，自分らしく，自分の気持ちのままで落ち着いていられるという実感が乏しいのだろう。

こうした特徴には，隔離が十分に機能しているとはいえず（L＝0.5），外的世界や内面での不安の処理にかかりきりになりやすいことが原因の一端を担っているものと思われる。

感　情

外界からの情緒的な働きかけに対して，やや控え目に応答しているようである（Afr＝0.5）。ところがひとたび感情を実感すると，巻き込まれて率直すぎる表現になりやすいところがある（FC：CF＋C＝0：5）。

さらに，5つのCF反応のうち3つが複数の決定因からなるブレンド反応であり，ブレンド反応の一つは，3つの決定因から構成される複雑な反応である。そもそも5つのブレンド反応の3つにCF（感情の指標）が含まれ，残りの1つにもC′（抑うつ感情の指標）が含まれることから，ほとんどのブレンド反応に何らかの感情体験が関与していることになる。つまり，Fさんは控え目に応じているように見えて，実際のところは気持ちが揺り動かされると，内面はかなり複雑になりやすいことが示されている。

しかし，色彩反応を含めた反応のほとんどは，いわゆる境界例患者にありがちな不快感や恐怖を言い募る感じや，検査者に共感を迫るような雰囲気をもたず，落ち着きが維持されている。感情に巻き込まれて我を忘れるというわけではなく，冷静に外界を判断し考える機能を失わない人と言っていいのだろう。

自己知覚

Fさんには自分自身を振り返るところがあるが（FD＝1），いくらか自分自身に意識が向かいすぎる面があるかもしれない（3r＋(2)/R＝0.48）。

自己中心性指標（3r＋(2)/R）は期待値を上回ったが，反射反応は含まれなかった。ただし，Xカードの万華鏡（反応18）には「反射」という言葉も登場しており，もしかすると反射反応のコードに迷うところかもしれない。今回反射反応をコードしなかったのは，この反応が左右対称という特徴を用いた反射ではなく，一般的な万華鏡にあるように，いくつかのD領域が組み合わさって反射像を描き出しているものと判断されたためである（仮にこの反応にrFをコードすると，自己中心性指標は0.62になり，まさに自意識過剰状態を意味することになる）。

自己中心性指標の高さや，この反応18のように，反射反応とすべきかどうか紛らわしい反応があることをあわせると，一見すると，彼女にはナルシシスティックな含みに見えかねない何かがあるのかもしれない。しかしこの万華鏡は「全体的につなげていけば万華鏡」と説明されており，不完全な形態であることが示唆されている。この点からも，Fさんが本当の意味でナルシシスティックになっているわけではなく，むしろ自己に対する不完全さが意識化されやすいことを意味していると考えられるのではないだろうか。

おそらく彼女の自分自身の捉え方やもの思いは，かなり悲観的になりやすく（MOR＝6），ときに投映に彩られているかもしれない（H：(H)＋Hd＋(Hd)＝3：3）。ただし自分に対する悲観は，あくまでも悲観的に「考える」という次元にとどまっているようで，感情的に苦しくなっていく状態，いわゆる抑うつ状態とは異なるようである（彼女のロールシャッハは，抑うつ指標DEPIにまったく該当していない点も，この仮説を支持している）。

対人知覚

対象に良い関わりを期待する力をもち，そして大きな問題なく人間関係を築くことができるようである（COP＝2, AG＝0, GHR：PHR＝5：1）。

しかしおそらくこの結果は，表向きの状態，つまり外から見える彼女の姿を現しているのであり，彼女の内面は，外から見える以上に忙しいのではないかと考えられる。対人関係は，二者間での親密な関わりの強い希求と，この願望をめぐる葛藤によって大きな影響を受けているようである。

親密さを求める依存感情はとりわけ強く，この心持ちはおそらく本人の自覚の範疇にあるだろう（T＝3, Fd＝2）。もっとも，積極的に自分の反応を説明する様子を見ても，包括システムの指標を見ても，この人の現実場面での振舞いは必ずしも依存的や受身的ではなく（a：p＝8：2），防衛的に空想に退避するようなところもない（Ma：Mp＝5：0）。彼女の依存願望は，もしかすると外から見えにくいところがあるのかもしれない。

その一方で，彼女が親密さへの欲求を自覚した反応，つまり濃淡刺激によって材質感を知覚した3つの反応のうち，2つはMORを伴っている。

コラム2／TextureとFd反応

包括システムにおいて親密な二者関係に関わる記号の代表格は，T（材質反応）とFd（食物反応）である。

包括システムでは，T＝1であることが望ましいとされている。T＝1は，自分の親密さへの欲求を自覚しているサインとされる。T＝0は欲求に慎重であり（親密さを求める気持ちがないとは解釈されない），T>1になると求める気持ちが強すぎて「ベタベタしすぎ」と理解される。中村らによる日本人データ（N＝240）でT>1に該当する者は，非患者成人の13%に過ぎないことも示されている（Nakamura, et al, 2007）。

一方，Fdは「依存を行動で示す傾向」と理解されている。言い換えるなら，Tが親密さを求める気持ちへの自認を表すのに対して，Fdは，自分の欲求願望を感じて受け入れる代わりに，そのまま丸抱えしてもらいたい気持ちの表れであり，Tに比べるとずっと子どもっぽい水準を表している（力動的に言えば口唇期的退行の表れであろう）。

依存関係が問題になる事例は「T＝0」と「Fd>1」の組み合わせであることも少なくないように思う。つまり，自分の依存願望を本当の意味で理解することはできないまま，自分のすべてを受け入れてもらいたいという願望が行動化されているような事例である。成人の場合，そのような願望が満たされることはほとんどないだろう。結果として，何らかの嗜癖対象（アルコール，派手な異性関係，賭け事など）にのめり込んでいることも少なくないように思う。これに対処力不全指標CDIへの陽性が伴うと，対象への幼児的な願望とパーソナリティの未成熟さは，さらに深刻になるかもしれない。あるいは期待値から逸れたFMを伴うと，衝動の行動化がさらに顕著になるかもしれない。

「裂かれている」と明細化されたこれらの反応は，Ｆさんが安心して依存対象に身を任せるどころか，対象に近づくことを求めるやいなや，自分自身が傷つけられる不安を実感することを表している。

さらにＦさんのロールシャッハには，2つのCOP反応がある。通常これらの反応は，他者との間に良好な関係を期待できる良いサインとして知られている。もちろん対象希求の強い彼女も同様であると考えられるが，COPがコードされた彼女の2つの反応をみると，その一つにはMORがつき，もう一つにはC′とDRがついている点に特徴がある。

COPとMORの併存は，対象と良い関わりをもつ（COP）と同時に傷つきを覚える（MOR）可能性を示している。またCOPとC′とDRの併存は，彼女が良い関係を求めたとき（COP），気持ちが落ち着かなくなってあれこれと思いがめぐりがちなのにも関わらず（DR），同時にこの思いと感情を飲み込まなければいけなくなっていること（C′）を表している。

つまり，Ｆさんは対象との間に良い関係を期待しているし，ある程度それを築くことができるようである。しかし，彼女には相当に強い依存願望があり，そしてこの依存関係を成就して安心していられる心境には，なかなか届きにくいようである。

認知（情報処理・媒介・思考）

現実検討能力は適切に維持されている（XA%＝WDA%＝0.81，X－%＝0.19，P＝5）。病理的な思考も認められない（Sum6＝4，WSum6＝8）。反応領域の継起も妥当で（10枚の図版のうち，8枚がW→D→Ddの順序にしたがっている），物事を考える効率性という点でも優れている。さらに5つあるM反応がすべてMaであり，その形態水準が良好であることも，考える機能の妥当性を保証している。

Ｆさんはこの適切な判断力と思考能力を活用しながら，知的な努力を惜しまない人のようである。たくさんの情報に手を伸ばし，統合的かつ総合的に判断しようという気持ちが強い（Zf＝15，W：D：Dd＝16：5：0）。統合的な知覚を表すDQ＋のほとんどがW反応であるところからも，物事を統合的に考えて，果敢に挑戦していきたい姿が映し出されている。

しかしこれと対照的なのが，不定で曖昧な知覚の多さ，そして否定的なもの想いの多さである（DQv＝3，DQv/＋＝1，MOR＝6）。積極的に挑戦して取り組むという，外界への力のこもったアプローチとは裏腹に，まるで力が抜けてしまって知的な働きがほとんど見られないかのような状態に陥ったり，あるいは否定的な考えにとらわれて抜け出しにくくなるような様子が認められている。

おそらくＦさんは，知的な関わりを重視しながら自分の独自性を主張したいところのある人だと思われる（X－%＝0.19，X＋%＝0.48，Xu%＝0.33）。しかしそのがんばりにはムラがあって，ときとして息切れすることがあるかもしれない。がんばりたい彼女としては，この状態はかなり不本意であ

コラム3／反応領域と情報処理過程

曖昧な図形を全体的に捉えたのか，あるいは一部分だけ認知したのかという反応領域と，それに関連する発達水準は，外界に対する認知作業を反映した記号体系である。包括システムでは，これら反応領域に関する指標を情報処理過程の特徴として理解している。

情報処理というと，頭の中で生じることという印象をもたれやすいが，私は必ずしもそれだけではないと考えている。

たとえばDという領域の記号は，曖昧なインクブロットの中で「ここだけ」と患者によって区切られた反応である。つまり，Dという記号は，患者がインクブロットに対して能動的に関わり，領域を区切るという行動に出たからこそ成立したものである。言うなれば，行動面に現れやすい認知的特徴の指標ではないだろうか。

そもそも情報処理過程の特徴とは，情報の「入力」をめぐる特徴でもある。どのように外界を切り取って取り入れるのかという認知的な特徴は，そのまま外界への認知／行動的なアプローチの現れと言えそうである。

本事例において示された解釈は，私なりのこの理解をもとにしている。おそらく彼女は，与えられた課題に対して，文字通り全力で全体的かつ統合的に関わっていくのだろう。そしてあるとき急に曖昧な知覚になる（発達水準DQvになる）のである。つまり，外界を曖昧にしか認識できなくなって，反応の説明も格段に減る＝実際に外界への関わりがほとんどなくなり，力が抜けてしまうと考えられる。

ろうし，だからこそ否定的な思考（悲観的な自己イメージ）が自家中毒的に膨らんでいくことがあるのではないだろうか。

まとめ

豊かな内的資質と高い知性をもつ人であると考えられる。知的に物事を考え，抑制のとれた振舞いを心がけながら，その中で自分らしさを表現したいという気持ちが強い。他者との望ましい対人関係をもつだけの力をもちあわせているといってもいいだろう。

ところが彼女には強い依存願望と，これに基づく不安・葛藤が感じられやすいところがある。知的にどんどん進んで行きたい彼女の願望や，対象との良好な関係をもちたい気持ちとは裏腹に，何もできなくなるような脱力状態，あるいはもたれかかりたいのにそれが果たされないことへの不安や逡巡に悩みやすいところがある。この問題をどうにかしようとして内的作業に忙しくなりやすく，疲労や悲観的な考えなどを訴えやすいところがあると推察される。

片口法による形式分析[注1)]

片口法による記号の集計結果は，表4～6に示す通りとなった。

反応数と反応時間

反応数（R＝22）は平均的で，生産性や精神的活動性は通常程度に保たれていると考えられる。初発反応時間は，やや色彩図版の方が長くなっているが，これはⅧカードで最も遅くなっている影響だろう（41″）。

注1）このセクションと次の継起分析による事例理解は，馬場禮子先生（中野臨床心理研究室）からのご指導と，これをもとにした執筆者一同による討論を下地にしている。北山研究所ロールシャッハカンファレンス（こどもの城，東京）において，丁寧なご指導をいただいた馬場先生に，この場を借りて深謝したい。

表 4　事例Ｆのスコアリングリスト（片口法）

Card No. Response	RT	LOCATION W	D.d	Dd.S	add	DETERMINANT M, FM, Σm	K, KF, FK	F	Fc, cF, c, ΣC′	FC, CF, C	add	CONTENT H	A		add	P	F L
I ①人が踊っている	10″	W				M					C′F FK	H			Cg Shadow		
②骨盤		W						F						Atb			∓
II ①人が踊っている	3″	W				M					CF	H			Bl	P	±
III ①洗濯している	11″		D			M						H			Cg	P	±
②人魂			D					F						Fire			∓
IV ①熊の毛皮の敷物	5″	W							cF					Aobj		P	∓
②ゴジラの後ろ姿		W				FM							(A)				±
V ①蛾	3″	W							Fc				A			P	±
VI ①狐の毛皮の敷物	4″	W							Fc					Aobj		P	±
②バイオリン		W						F						Music			±
③果物		W						F						Food			∓
VII ①蟹の手	33″		d					F						Food			∓
②犬		W				FM							A		Obj		−
③造形		W						F			m			Obj	Art		−
VIII ①動物 冬の山	41″	W						F			Csym		A		Na	P	±
IX ①ヤカン コンロ	19″	W				mF					CF KF			Obj	Fire		∓
②ロケット		W				mF					KF FK			Arch	Cl		∓
X ①万華鏡	17″	W								CF	FK			Art			∓
②蜘蛛			D					F					A				±
③件（くだん）			D					F					(A)				∓
④化け物のお祭り		W				M					CF m	(H)			Fire Cg		±
add⑤妖怪			D					F				(H)					±

		W	D	Dd	S	M	FM	m	K	FK	F	Fc	c	C′	FC	CF	C		H	3	Aobj	2	Art	1
R =22 P =6 Rej =0	±	8	3			4	1				4	2							(H)	2	Obj	2		
	∓	6	3					2			5		1			1			A	4	Music	1		
	−	2					1				1								(A)	2	Fire	1		
	add							2	2	3				1		3	1		Atb	1	Food	2		
Total		16	6			4	2	2			10	2	1			1					Arch	1		

反応領域

Ｗが多く（W％＝73％），物事を全体的・抽象的に把握しようという気持ちが強い。Ｗ反応には∓や－も含まれていて，全体把握をしたいという気持ちに適応がついていかないときがあるかもしれない。W：Mの比率を見てもMに比べてWが多く，本人の力を超えるがんばりがあるのかもしれない（W：M＝16：4）。

表5　事例FのBasic Scoring Table（片口法）

Location		+	±	∓	−	nonF	Total	%	Add.
W	W		8	6	2		16	73%	
	W̸								
	DW								
D	D		3	2			6	27%	
	d			1					
Dd	dd								
	de								
	di								
	dr								
S									
Total R			**11**	**9**	**2**		**22**		

Determinant		+	±	∓	−	nonF	Total	%	Add.
F			4	5	1		10	45%	
M			4				4	18%	
FM			1		1		2	9%	
Fm									
m (mF, m)				2			2	9%	2
k (Fk, kF, k)									
FK									3
K (KF, K)									2
Fc			2				2	9%	
c (cF, c)				1			1	5%	
FC'									
C' (C'F, C')									1
FC	FC								
	F/C								
CF	CF			1			1	5%	3
	C/F								
C	C								
	Cn								
	Csym								1
Cp	FCp								
	CpF								
	Cp								
Total R			**11**	**9**	**2**		**22**		**12**

Content		Freq.	Total	%	Add.
H	H	3	5	23%	
	(H)	2			
	Hd				
	(Hd)				
A	A	4	6	27%	
	(A)	2			
	Ad				
	(Ad)				
At	Atb	1	1	5%	
	Ats				
	X-ray				
	A.At				
Sex					
Anal					
Aobj		2		9%	
Pl.f					
Pl					
Na					1
Obj		2		9%	1
Arch		1		5%	
Map					
Lds					
Art		1		5%	1
Abst					
Bl					1
Cl					1
Fire		1		5%	2
Expl					
Food		2		9%	
Music		1		5%	
Cg					3
Shadow					1
Total R		**22**			**11**

体験型と決定因

体験型は，顕在的にも潜在的にも両向型である（M：ΣC＝4：3.25, FM＋m：Fc＋c＋C′＝5：3.5)。Ⅷ＋Ⅸ＋Ⅹ/Rは36%あり，外界への応答性も通常程度備わっている。一見すると，内的な作業も外界への応答性も，どちらも良好な水準で備えているように見える。ところが色彩反応の比率をみると，FCがなくすべてCF＋Cである(FC：CF＋C＝0：3)。つまり，実際に外界に反応すると，やや統制を欠いてしまうのかもしれない。この点は，M反応の形態水準がすべて±であり，したがって主観的に巻きこま

表6　事例Fの Summary Scoring Table

R	(total response)	22	W : D	16 : 6	M : FM	4 : 2
Rej	(Rej / Fail)	0 　0 / 0	W %	73%	F % / ΣF %	45% / 82%
TT	(total time)		Dd %	0%	F+ % / ΣF+ %	40% / 61%
RT	(Av.)		S %	0%	R+ %	50%
R_1T	(Av.)	14.6″	W : M	16 : 4	H %	23%
R_1T	(Av. N. C)	11.0″	E.B　M : ΣC	4 : 3.25	A %	27%
R_1T	(Av. C. C)	18.2″	E.B　FM+m : Fc+c+C′	5 : 3.5	At %	5%
Most Delayed Card & Time		Ⅷ	E.B　Ⅷ + Ⅸ + Ⅹ / R	36%	P (%)	6 　27%
		41″	FC : CF + C	0 : 3	Content Range	10
Most Disliked Card			FC+CF+C : Fc+c+C′	3 : 3.5	Determinant Range	7
Σh/Σh (wt)			W - %		修正BRS	
			⊿ %			
			RSS			

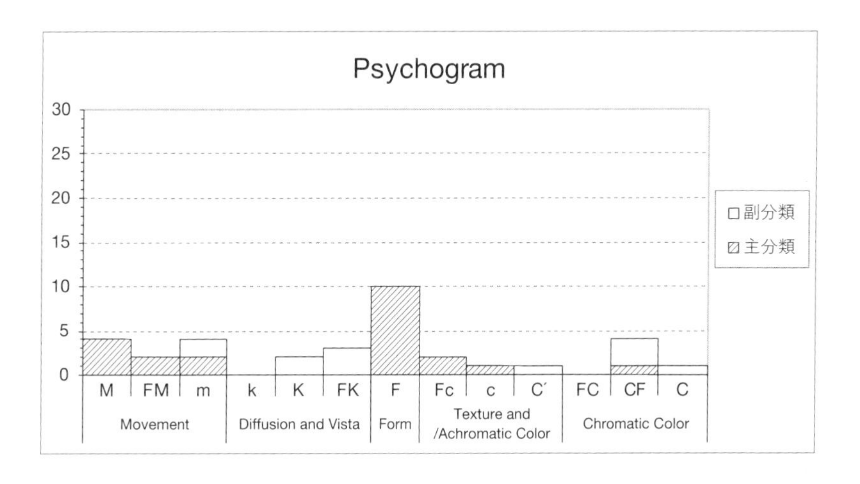

れるような傾向が認められないのとは対照的である。また，c反応が3つあるが，その一つがcFであることからは，依存欲求が強すぎて，やや退行的である可能性が示される。さらに，KF反応も一つ認められていること，m反応が多いことからは，強い不安緊張感が自覚されているのかもしれない。

形態水準など

形態水準指標は極端に低いということもない。たしかにR+%などは，見た目上「十分に高い」とは言い難い数値を示しているが，マイナス反応はわずかで，適応が大崩れするということではないのかもしれない。2つのマイナス反応がⅦカードに集中している点からは，先に見たような依存

コラム4／解釈結果をまとめるために（記号解釈編）

解釈をまとめるという作業は，いつまでたっても難しい。私自身，いつになったら指導を受けてきた（そして今も受けている）先生方のようになれるだろうかと思いながら，自分なりの工夫を続けてきたつもりである。

私が心がけているのは，記号や指標から得られる解釈仮説を全体的に並べてみるということである（これは，包括システムであろうと片口法であろうと同じだと思う）。すると，同じような所見が言葉をかえて表現されていることに気づく。あるいは，矛盾した結果が示されていることもある。私は，これらの異同を頭の中で繋ぎあわせようとしている。

私にとって解釈をまとめる作業は，展開図から立体図形を想像するプロセスに似ている。記号や指標の一つひとつから得られる理解は，展開図の辺や頂点や面のようなものである。得られる限りの図形の要素を集め，そしてそれぞれがどの辺や面と結びつくのかを考え，最終的にできあがる立体図形を想像する。この図形の形状の理解が，パーソナリティや医学診断の全体像の把握を意味している。

指標から被検者を立体的に理解しようとするとき，記号間で矛盾する所見に出会うことは少なくない。しかし，私たちの立居振る舞いや気分状態は，いつも首尾一貫しているとも限らない。矛盾した気持ちも体験するし，思う通りにならないで困ることもある。だから，記号間で矛盾が出ることは，むしろ自然なのかもしれない。

をめぐる問題が示唆されるだろう。

一方で，CR も DR も豊かにあり，分化した自我機能と幅の広い関心を持つ人であると考えられる。

形式分析のまとめ

全体をまとめてみると，適応に活かせるだけの自我機能を持つ人であると考えられるが，親密な関係性をめぐる葛藤や，情動に巻き込まれたときに感じるであろう不安緊張感の取り扱いに苦慮している人であると予想される。また，こうした対応不全については自覚の範疇にある可能性も高いだろう。

私は，このような矛盾の中にその人を理解する大切な鍵が隠されていることが多いと感じている。心の中にある矛盾は，少なからぬ葛藤をもたらすだろう。この葛藤をどのように克服するかに，その人なりのやり方とその人らしさ（防衛機制，対象関係，対処方略など）が現れている。つまり，ここにこそパーソナリティの主要な特徴が隠されている可能性が高いと思う。

そしてこの矛盾を解く鍵は，多くの場合，別の記号やロールシャッハの反応語に隠されているようである。大切なのは，ロールシャッハ反応や記号に問い続けることだと思う。記号から解釈を得て，考える。するとほぼ間違いなく，疑問が生まれる。その疑問をロールシャッハ反応に問いかけ，考え，そしてまた答えを得るのである。

私自身の経験として，矛盾を解き立体図形の形状を読み解く上で，パーソナリティ理論が役立つことは少なくない。私の場合，この理論は精神分析である。

もしかすると，熟達した臨床家や経験豊かなテスターなら，理論は必要ないかもしれない。しかし，ロールシャッハの膨大な記号をまとめあげるという作業は，とりわけ初学者にとっては，大変なことである。どの辺とどの辺が結びつくのかを考える際にも，パーソナリティ理論は役に立つ。理論が羅針盤の働きをしてくれるのなら，これを活用することは有意義な助けになるだろう。

継起分析

以下，逐語のプロトコルに続いて解釈を示す。なお，全ての反応は正位置で報告された。また，それぞれの反応に付された記号は，上段が片口法，下段が包括システムによるものである。

Iカード

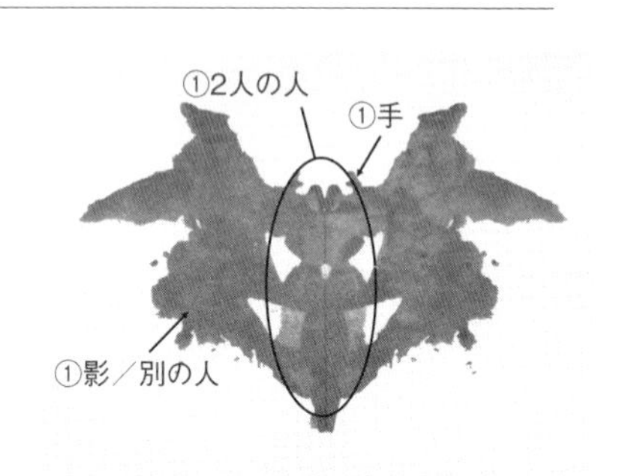

（反応段階）

何に見えるか…。

10”　∧

(1)　何か人が踊っているようにも見えますし。

(2)　骨盤のようにも見えます。

（質問段階）

(1)　これ，この人と，これ背中合わせで踊っていて，手をあげているところですね。これ，こっち側の大きいところが二人の影にも見えるし，別の人にも見えますね。だから，光があるのか向こう側に人がいるのか分からない。でも踊っているのは男の人の気がします。服装のイメージはイエスキリストです。髪がこれくらいあって（自分の肩の辺りを指す），法衣を着てますね。ですから，楽しいお祭りというよりは宗教的な儀式ですね。だから火の元というよりは，夜の感じで。〈夜？〉全体的に黒いですし。

W　M±, C′F, FK　H, Cg, Shadow

W＋1　Ma.C′Fo　2　H, Cg, Id　4.0　COP, GHR

(2)（前反応に続けて説明する）骨盤はこの全体の形が。

W　F∓　Atb

Wo1　Fo　An　1.0

（解釈）

最初の反応は，「踊っている二人」である。的確な知覚と的を射た説明のもとで，協調的な主題が展開されている。しかし同時に，最初から「二人が一緒に踊っている（包括システムでいうところのMaとCOPの組み合わせ）」という，とても力のこもった良質な反応に，C′やFKが伴われているのも特徴的である。知覚説明はイエスキリストにまで及んでおり，この点からは強い男性像のようにつき進む姿がうかがわれそうだが，この主体を「キリスト」に決定することはできなかった。同じように，中央の人を囲む周辺のD領域が人なのか影なのかも決められなかった。

どうやらFさんは，出された課題に対して力を込めて精一杯とりくみ，そして実際，個性的な仕事をする人のようである。しかし同時に，「これでいいのだろうか」などの不安感にとらわれているのかもしれない。

すると次の反応では，「骨盤」が知覚された。この反応では知覚も曖昧で，説明も投映量も格段に減っている。知覚の説明も「形から」と言うのみ（輪郭線の説明のみ）で，急速に不安が高じて力が抜けてしまったかのようである。知覚の明瞭さも説明の度合いも，あらゆる点で最初の反応とは対照的である。

Fさんは最初から非常に力を込めて物事に取り組むのだが，その後で，何もしたくなくなってしまうようである。そのため，ほどほどに力を抜いて普通にしている（平凡反応を知覚する）ということにはならないまま終わっていると考えられた。

Ⅱカード

（反応段階）

3″　∧

⑶　これは人が二人でやはり踊っているような。手をこうやってあわせて踊っているように見えるし。……面白いですね。何でしょう，この真ん中

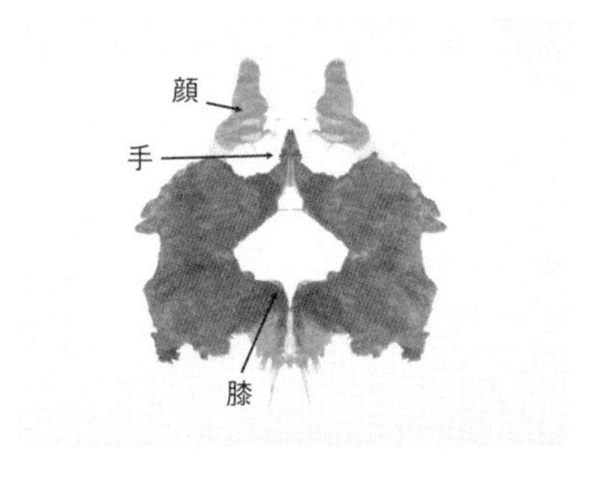

の。そんな感じ（笑）。ちょっとわかんない。

（質問段階）

(3) こっちはわりと……，えー，色がついているせいか，あれですね，お祭りで踊っている感じ。音楽が流れていて。こう手をあわせていて，で，ちょうどこのときに膝もこうあわせたような。ちょっと痛かったかもしれません。赤いから。〈赤いから？〉赤いと，ちょっと血のイメージがあって，顔の方は踊っているので上気したイメージで。足の方はダンスでちょっと強くぶつけてしまったような。でも本当に血が出ているのではなくて。ゴツンというか，ちょっと強かったような。

W　M±, CF　H, Bl　P

W+1　Ma.CFo　2　H, Bl　4.5　COP, MOR, DR, GHR

（解釈）

短い初発反応時間で，的確な知覚が報告されている（片口法では平凡反応に相当する反応である）。Ⅰカードに続く「手を合わせて踊っている」という主題だが，これに色彩を統合して反応がつくりあげられている。「血」を知覚しかけている点には，情緒刺激によって不快感が意識化されたことが示唆されている。この攻撃性に対しては不安や心もとなさがあるようで，最後まで「血」とは決めきれず，衝動の強さも緩和しようとする動きがあった。

しかし一方で，同じ情緒刺激に対して「（踊りで）上気した」のように上手に説明をつくりあげることもできている。つまり，この反応の中で実感した楽しさも激しさも攻撃性も，すべて回避せずに自分の体験の中にまとめ上げようとしていると考えられる。空白領域に回避したり，赤色刺激を否認しようとするわけでもなく，これだけの知覚と説明が可能になっている点に，自我の力が示されていると考えられる。

Ⅲカード

（反応段階）

11″ ∧

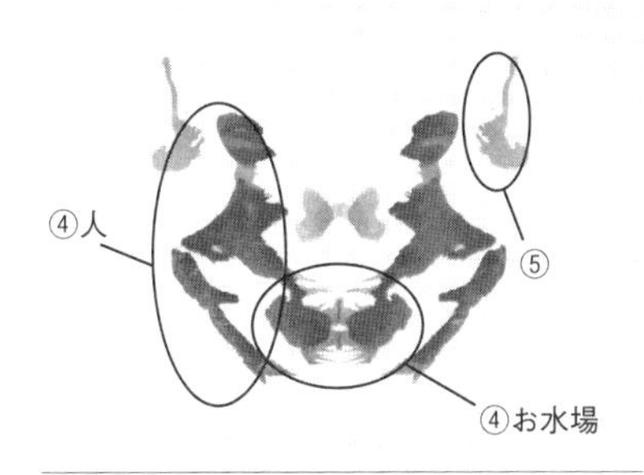

(4) 洗濯をしているように見えます。二人で。やっぱり向かいあわせに見えます。
……全体でって言ったときに何かに見えるかしら。

(5) この左右の赤いのは，人魂のように見えます。
んー，それくらいでしょうかね。難しいな。

（質問段階）

(4) これが，何て言うんでしょう，泉の脇にあるお水場というんでしょうかね。女性が二人で。格好は不自然なんですけど，二人でお洗濯をしているところ。女性に見えたというのは，これが胸に見えて，これが靴がヒールがあるように見えて。体の全体的なつくりが。あと全体の図版の作りとして，赤いのがピンと来なかったので。

D　M±　H, Cg　P

D＋1　Mao　2　H, Cg, Id　P　3.0　GHR

(5) （前の反応からそのまま説明を続ける）ま，なんとなくこれは人魂っぽいなと。図版全体としてはあまり考えづらかったですね。〈人魂〉あまりよくは知らないんですが（笑），想像上の人魂というのかな，頭があって尾をひくのだというので，何かそれっぽいので。

D　F∓　Fire

Dv2　Fu　2　Fi

（解釈）

最初の反応では，黒色領域だけをとりあげて平凡反応を知覚している。関わりやすい領域だけをとりあげて適応を維持するばかりでなく，自分が情緒刺激を区別して取り上げなかったことも自覚されている。また，平凡反応ではあるが，自分の反応の不自然さについても，自覚の範囲にある。

とりあげずにいた赤い領域が気になったのか，次の反応ではこの領域を用いて「想像上の人魂」が知覚された。しかし結局のところ，この反応に赤色が活用されることはなく，「頭があって尾を引く」という形の説明で終わっている。さらに，Ⅱカードの「血」が血として同定されなかったのと同じく，ここでも「人魂」とは決められずにいる。自分の不安感や攻撃性をよく自覚している人であるが，落ち着かない感じをもちやすいのだということがうかがわれる反応と言えそうである。

Ⅳカード

（反応段階）

5″　∧

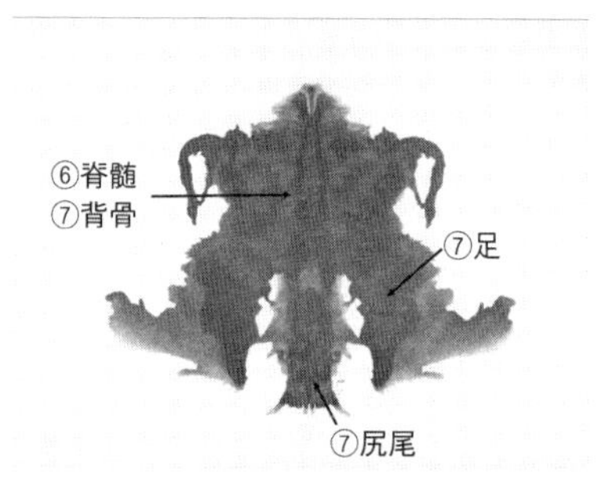

(6)　これはあの……ク，クマの毛皮の裂いた敷物のようなのがありますよね？　ああいうものに見えます。

(7)　あ，でもゴジラの後ろ姿に見えるかも知れません。ちゃんと背骨があるように見えますので。

（質問段階）

(6)　これは何か，非常にきれいに，脊髄がしっかりここに通っているように見えて。あまり本当のを見たことはないですが，そういうのがあるだろうと。ちょっとこの辺が毛深そうなので（図版内部を指す），クマかな。

W　cF∓　Aobj　P
Wv1　TFo　Ad　MOR

(7)（前の反応に説明を続けて）あとは怪獣の後ろ姿と言ったと思うん

ですけど。足があって，尻尾があって，これは，奥の方に進んで行ってる……帰るというよりは，破壊行動に出るための前進なのかもしれません。

W　FM±　(A)

Wo1　Mao　(H)　P　2.0　GHR

（解釈）

最初の反応は，片口法においては平凡反応の「クマの毛皮」である。濃淡という図版刺激とこの図版の形状を用いて，一般的な知覚を報告する力が示されている。もっとも，これまでの多くの反応に比べて形態にもとづいた説明が少なくなり，加えて「(毛皮を）裂いた」という被害的な知覚（包括システムにおけるMOR）が語られているところは，この人の中に依存感情が実感されたとき，現実適応がややおろそかになったり傷つけられる感じが強くなるなど，依存をめぐる葛藤が動きやすいことが示された。

二つ目の反応は，「ゴジラの後ろ姿」である。この反応も図版の形状によく合致していて（包括システムでは平凡反応に相当する)，ゴジラに現されている攻撃的な連想によっても適応が崩れない様子がうかがわれる。ゴジラを「後ろ姿」と言ったり「奥の方に進んで行ってる」というところは，迫害的な連想から距離をとって迫力を減じようとしていると言えるが，すぐそのあとに「破壊行動に出るための前進」とも言い換えており，積極的な攻撃連想を放棄していない様子もうかがわれた。

――Vカード――

（反応段階）

3″　∧

(8)　蛾（ためらうように笑う)。そうですね，蛾にしか見えません。

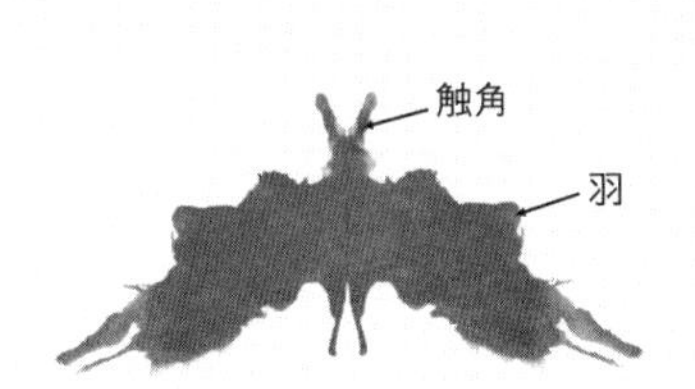

（質問段階）

(8) これ触角です。この辺が羽，これも羽です。だけど蛾というのは，毛がふさふさしている。この真ん中が。蝶というよりは厚ぼったい，蛾。やはり後ろ姿。〈毛〉それはインクの濃淡じゃないでしょうか。ベタでバーっていうよりは，濃淡があるので。光に当たると毛がふさふさしているという濃淡が出るので，そういう感じだと思います。

W　Fc±　A　P

Wo1　FTo　A　1.0

（解釈）

この図版でも短い初発反応時間で，片口法における平凡反応を知覚できている。「蛾にしか見えません」からは，この単純な図版で本当はもっと違うものを見たかったという気持ち，ある種の自己主張があるとも言えそうである。また，Vカードで濃淡を指摘して「光に当たると毛がふさふさする」と語られている点には，この人の繊細な感受性が見て取れるのと同時に，これだけ単純な刺激図版にも濃淡を見てしまうほどに，依存をめぐる問題が意識化されやすいとも言えるだろう。

Ⅵカード

（反応段階）

4″　∧

(9) これは，さっきのはクマみたいだったですけど，これはキツネの毛皮の敷物みたいに見えるのと。

(10) あとは出来損ないのバイオリンの製作過程のよう。

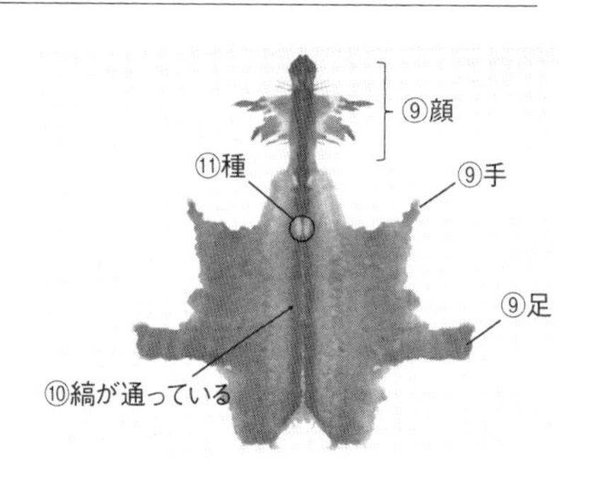

(11) んー，ちょっと果物にも見えるかな。

（質問段階）

（9）これが鼻面です。これがヒゲですね。何かこう，本当のキツネは違うんでしょうけど，絵本とかで見るキツネの顔はこういう感じです（自分の顔のエラの辺りを手で三角にしてみせる）。これは背中からというより，お腹から裂いた感じ……ちがうな，背中から裂いたのをお腹から見た感じですね。それで，これが手で，こっちが足ですね。〈毛皮〉これも濃淡っていうか，ここ（上部D）が一番最初キツネっぽいなと思って，あとこれが手足に見えなくもないので。こういう感じで。

W　Fc±　Aobj　P

Wo1　FTo　Ad　P　2.5　INC, MOR

（10）それはもう，ここに縞とおっていて，頭の方とおっていて，こう，もう少し形をつけるとうまい具合にできるのかなという感じです。

W　F±　Music

Wo1　Fu　Sc　2.5

（11）果物はですね，この真ん中のところだと，りんごを割ると，こんな感じで種もありますので。洋ナシのような感じもありますし，そういうもの。こういうところは果物っぽいかなと。……んー，キツネが一番近いかな。

W　F∓　Food

Wo1　F－　Fd　2.5　MOR

（解釈）

最初の反応「キツネの毛皮」は，濃淡刺激を活用しながら平凡反応の知覚を維持した反応である。Ⅳカードの毛皮反応に続いて，ここでも「裂いた（MOR）」という説明が加えられていて，依存感情が被害感や毀損感と結びつきやすいというこの人の問題が，繰り返し現れていると言っていいだろう。

その後の「バイオリン」では，固い表面の知覚に加工することで，依存をめぐる葛藤を収めようとしたのかもしれない。形態に対する不自然さを「できそこない」「製作過程」と意味づけており，対象を価値下げすることで気持ちの安定をはかろうとしていたのかもしれない。もっとも，不自然に感じる領域があるのなら，その領域をカットして知覚するという道もあるはずだが，この人は外界に受身的に応じて，「それならきっと……なのだろう」と自分の中で処理して受け入れようとするところがあるのだろう。

最後の反応「果物」は食物反応であり，曖昧な形態把握に毀損感が重ねられている。一度は「バイオリン」反応で濃淡刺激への対応を試みたが，またここで口唇期的な退行にいたっている。どちらかといえば「りんご」という一般的な果物を知覚した後に，「洋ナシ」と言い換えようとしている点には，食物という反応に示唆される“丸抱えしてもらいたい”という依存願望が現れている最中にも，こだわりをもっている自分を認めてもらいたい姿がうかがわれるかもしれない。

Ⅶカード

（反応段階）

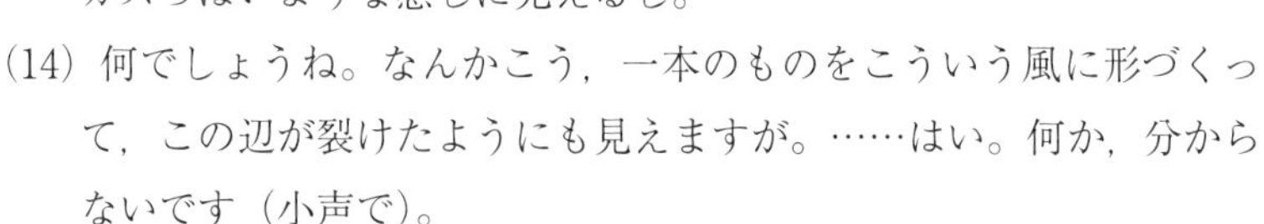

何に見えるか…？　何でしょう。

33″　∧

(12)　細かいところを見ると，カニの手みたいに見えるけど。

(13)　あとは犬が後ろ足で立っているようにも見えるし。サーカスっぽいような感じに見えるし。

(14)　何でしょうね。なんかこう，一本のものをこういう風に形づくって，この辺が裂けたようにも見えますが。……はい。何か，分からないです（小声で）。

（質問段階）

(12)　この辺です（左右を指差す）。食べるときにお鍋とかのときのような感じが，この辺です。

d　F∓　Food
Do5　Fu　2　Fd　DV

(13)（前の反応の説明に続けて）あとはサーカスの犬っていうのは，二匹で，後ろ足で立って。これが手で，この辺ちょっとよく分からないですけど。この辺が耳で，顔を上げて。これは何か鼻に乗っけているのかも知れません。

W　FM－　A, Obj
W＋1　FMp－　2　A, Id　2.5　INC

(14) 前はここここが繋がっていて。こうおさまっていたのを，こういう風に曲げていくとこうなるかな。この辺とかが裂けて。何かモノというよりは造形でしょうか。

W　F－, m　Obj, Art
Wv1　mp－　Art　MOR

（解釈）

比較的長い時間をかけて報告された反応は，「カニの手」「犬」「造形」の3つだった。

Ⅳカードやⅵカードに続いて，濃淡刺激の強いこの図版でも，苦労のあとがうかがわれた。最初の「カニの手（爪）」という反応には，小さな領域に限定して関わりをもったものの，カニの爪に示されている攻撃性と，鍋料理（食物の連想）に示される依存感情の両方が含まれている。2番目の「犬」も形態把握が不自然であり，犬の形状としても姿勢としても不適切である。最後の反応は，説明の様子から，何か固い素材のものが裂けているという知覚のようである。柔らかく感じられやすいこの図版刺激を固いものにして知性化も加えられているが，それ以外に知覚の明細化もなく，ほぼ衝動だけのような反応で終わってしまった。濃淡刺激によって依存願望を刺激されたものの，これに率直に触れることができず，感情閉鎖と強迫防衛を試みた反応が繰り返されたようである。

たしかにこの人には，依存感情をめぐる葛藤がはっきりとしている。しかし，たとえばⅡカードで情緒刺激に直面しても赤色を否認せず説明を試み続けたように，この図版でも濃淡に言及することこそなかったものの，図版全体を迫害的な顔として知覚するなどの心理的なひきこもり状態には陥らず，知覚と説明が続けられた。隔離の防衛を用いて冷静さを維持しようとしながらではあるが，「サーカスっぽい」と合理づけしようとするなど，自分なりに事態に対処しようとする自我の働きが失われていないと言えるのかもしれない。

Ⅷカード

（反応段階）

色がついてます。……何に見えるか？　これって何に見えるかっていうか，イメージでもいいんですか？〈何に見えるかをお答えください〉

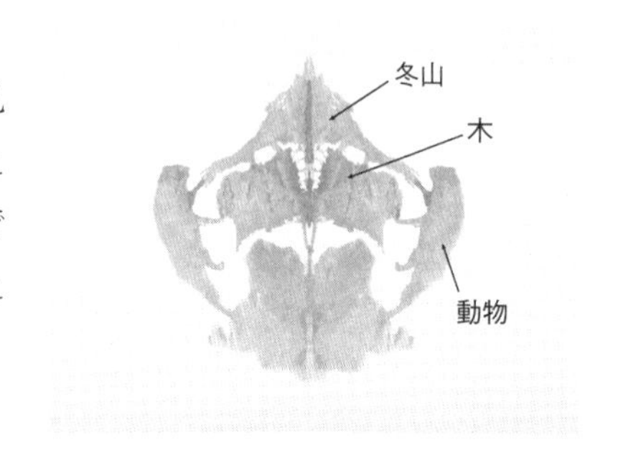

41″ ∧

(15) 左右の赤いのは動物に見えます。一番上のは，冬の山のように見えます。でも，冬の山ですが……うん……ま，色がきれいなので，あんまり冬山といっても冷たくない感じ。……そんな感じです(笑)。ちょっと分かりません。

（質問段階）

(15) これですね。〈冬山〉山はこれなんです。……全体のイメージとして暖色系が強いので，冷たく見えないんです。これは木のようにも見えますが。ですから，具体的な像って言うよりは……んー，何ていうのかな，イメージ（笑）として冬には雪が降る山で，そこで暮らしている動物もいて。ここの部分はちょっと分からないです（下部D)。色としての全体に与える印象，面積と色はあるんですけど，何か，というのはちょっと。〈一つの場面？〉リンクしているんです。山と動物と。大きさがデフォルメされてはいますけど。

W　F±, Csym　A, Na　P

W+1　CFo　2　A, Ls　P　4.5

（解釈）

最初の多彩色図版で最も初発反応時間が遅れたが(41″)，報告された反応は平凡反応を含むW反応一つである。Ⅱカードのときのように，突然の情緒刺激の登場によって動揺するところもあるものの，基本的な形態把握は良好で，図版やテスターとの関わりを適切に維持できるだけの自我の力が保たれている。

そしてこの反応は，「冷たくない」などの打消しを用いて，全体としてはきれいな光景につくりあげられているような，ヒステリー防衛が行き届いているものとして考えられるだろう。全体的に反応の説明は知的で冷静であるが，その一方で反応段階の最初から情緒刺激に対する言及もあって，情緒に率直に反応する一面もうかがわれる（もっとも，実際の反応での情緒の用い方は，どちらかといえば観念的である）。

Ⅸカード

（反応段階）

19″　∧

(16)　なんか，火に……こういう，こういう縦長のヤカンをかけているように見えます。ちょっと火力が強いですが。
（図版を遠ざけてみている）

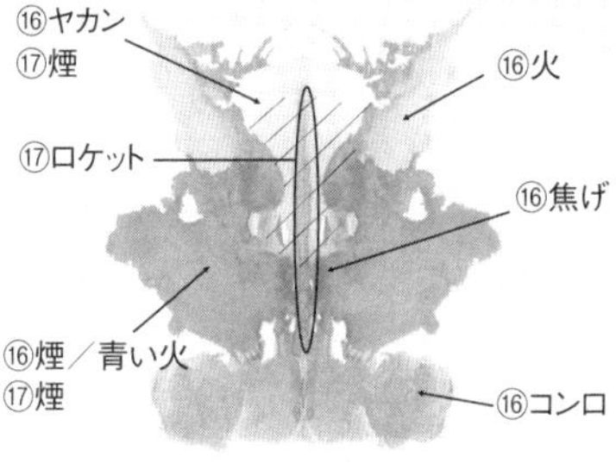

(17)　あとは，こう，モノが上にあがっていくイメージですかね。

（質問段階）

(16) ここが，コンロみたいな感じですね。この真ん中の薄い水色が，あの，ヤカンです。この辺までバーっと火がきてしまって，火力も強いので青っぽくなったり，煙が出たり，ちょっと焦げたりしている。

W　mF∓, CF, KF　Obj, Fire

W+1　ma.CFu　Hh, Fi　5.5　MOR

(17)（前反応に続けて）あと，上にいくイメージと言ったと思うんですけど。ロケットの発射のイメージ。こう，煙がたっていて。〈ロケット〉煙の向こう側のような。これが若干，ロケットかな。真ん中のところ。〈煙〉煙はこの辺。これ，煙っぽいというか。あとさっきのヤカンっぽく見えていたのが，煙にも見えます。

W　mF∓, KF, FK　Arch, Cl

W+1　ma.FDu　Sc, Fi　5.5

（解釈）

二つの反応はいずれも，これまでにない攻撃性をはらんだ反応表象である。最初の反応では，もっとも色彩の薄い領域＝刺激の弱い領域に反応の主体であるヤカンを認めているが，火はヤカンを超えて上方にまで燃え上っていて，衝動をコントロールしきれない様子が示されている。二つ目の反応になると，この衝動はロケットにまで発展している。衝動の実感が強く，ほとんど形態の認識が追いついていないのが特徴的である。

そして反応の主題に表れているのは，男性的／phallic に突き進んでいきたいと願う彼女のようである。とても強い気持ちや衝動をもっていながら，その口調には抑制が効いており，さらに細かな「焦げ」にまで注意が向くのは，この人の特徴であろう。

Xカード

(反応段階)

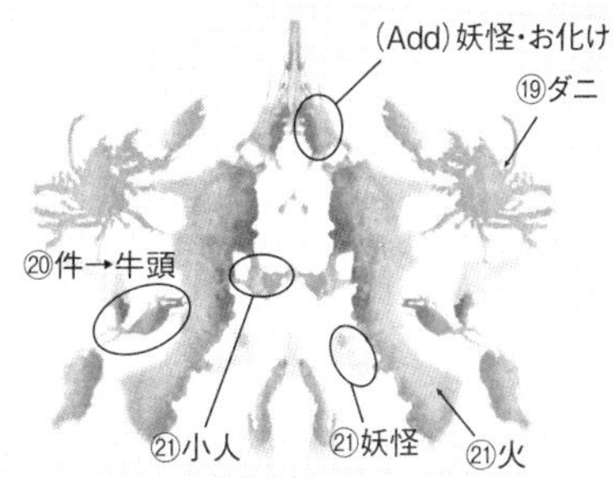

何かしら……。

7″ ∧

(18) なんか，万華鏡みたいですね。

(19) この水色のは，クモみたいに見えます。

(20) それから，ここにあるこれは，あの，何ていう……件（くだん）っていう妖怪……違う，頭が人間で足が牛のやつに見えます。

(21) あ，化け物のお祭りに見えます。小人もいるし。

(質問段階)

(18) 万華鏡は鏡ですから，一つの造形に対して反射している感じです。色もいろいろあるし，そんな形のものも入っているし，これを全体につなげていけば万華鏡のようになるかなというのが，最初のイメージです。

W　CF∓, FK　Art

Wv/+1　CFu　Art　5.5

(19) クモ，動物のクモ……というより，ダニのように見えますね。一つ一つを見ていくと，これがクモなりダニなり。でも大きいですね。

D　F±　A

Do1　Fo　2　A　P

(20) ここにくっついているこれが，上半身が牛で足が，人間……人間？　これが顔で，胴体で，手で，足…足が細いので，全くの牛ではない。妖怪じみている気がします。〈件というのですか？〉顔が人間で体が牛で，……逆ですね，これは。「ニンベン」に「牛」と書いてくだんというんですけど。こっちは牛頭の方ですね。

D　F∓　(A)
Do7　F－　2　(H)　PHR

(Add) 今見るとこれも妖怪っぽいですが。というよりお化け。これが目です。これが口で。

D　F±　(H)
(包括システムでは集計に含めず：Do8　Fo　2　(H)　GHR)

(21) すごいファンタジーになってきましたけど（笑)。これは夜に火を焚いて。赤いのは火のイメージですね。夜に，そのまわりで妖怪たちが踊って騒ぐという。この小さいのも妖怪に見えましたし。〈小人〉こっちだ。よくある帽子をかぶったイメージで，頭と頭が横になっているイメージですね。こっちが足。これが頭。妖怪ですから二次元でなくて，空間的な動きもでるので（笑)。そういう感じでしょうか。

W　M±, CF, m　(H), Fire, Cg
W＋1　Ma.ma.CFu　2　(H), Fi, Cg　5.5　GHR

(解釈)

これまでW反応が多かったが，複雑なこの図版では，比較的多くのD反応が報告されている。分離分割を適度に交えながら，現実に関わっていくことのできる柔軟性があるようである。

最初の反応は，漠然とした知覚を美しく意味づけた「万華鏡」だった。その後，虫や妖怪の話が続くが，Fさんはこの妖怪をあまり怖がっているようには見えず，むしろ楽しんでいるかのようにも見える。「件（くだん）」「牛頭」のような，こだわりのある反応内容を通した自己主張も見られている。情緒に巻きこまれながら巻きこまれすぎずに関わり，楽しんでいるようである。それだけの力がある人だと言えるだろう。

解釈のまとめ（包括システム，片口法，および継起分析の比較統合から）

自分の内的状態を把握するだけの自我の力と，これを言葉にする力を持っている人と考えられそうである。反応には知性の感じられるものもあり，おそらく知的にも心理的にも，資質に恵まれた人であろう。

問題になりやすいのは依存関係で，強い依存欲求が出てきそうになると，これを抑えようという気持ちが高まって心の作業に忙しくなりすぎることがある。強い依存願望をもつだけに苦労しがちだが，欲求を満たしたい気持ちと抑えたい気持ちの両方があり，どちらかといえば抑える方でうまくいっていない人のようである。

また，男性的にどんどん進んでいきたいという気持ちの強さもうかがわれた。主に知的な振舞いを通して自分独自の考えや見方を主張していくというのが，この人の得意なやり方の一つである。しかし，内に秘めた衝動や気持ちの強さは明瞭にあるものの，抑制された表現や振る舞いにとどまっているのも，この人の大切な特徴の一つとして考えられるだろう。外から見える行動面としては，おそらく積極的に自己顕示していくということはなく，控えめで大人しくしていることが多いものと思われる。

全体として，原始的防衛機制は観察されず，基本的には隔離（高次の神経症的防衛）での失敗にとどまっているところから，病態水準としては神経症水準にあると考えられる。性格傾向としては，「外界に見せるもの」としてのまとまりが維持され，パフォーマンスとして形づくられているように思われるところや，美化が用いられるところを見ると，ヒステリー性格としての特徴をもっていると考えられた。その一方で，隔離などの防衛機制を多用するところもあり，強迫性の一面も持ち合わせているようである。

コラム5／継起分析の視点

記号による解釈がパーソナリティの骨格を描き出すのだとしたら，反応語を継起的に読み取る作業はパーソナリティの肉づけに相当する。ときどき記号の解釈をとばして反応語を継起的に見るだけの人がいるが，私はそれは危険だと思っている。骨組みがないところに肉づけだけしていくと，肝心のところで読み誤りかねないからである。

継起分析には，いくつかの視点が含まれている。その主なものとして，3点あげられるだろう。一つは，反応語に含まれる不安とその防衛を読み取るという視点。二点目は，検査者と被検者のやりとりから得られる理解。三点目に，反応語や主題から示唆される被検者の内的世界という視点である。一点目は自我心理学的な発想であり，二点目は対象関係論的な視点といってもいいかもしれない。

これらの視点を使いこなして継起分析が上達するためには，ロールシャッハテストの経験だけでは不十分で，力動的な臨床の経験と学習が不可欠ではないだろうか。

私は，継起分析を試みる中で反応語やその継起から大胆に臨床像を想像することがあってもいいと思っている。Hermann Rorschach の『精神診断学』をひも解いても，Beck, S. J. の教科書3部作を見てもそうだが，かつての巨人たちは，ロールシャッハ反応から「ああでもない，こうでもない」と想像の翼をたくましく広げている。大胆な仮説が展開されていることに驚かされることも少なくない。

しかし同時に大切なのは，ロールシャッハデータと，継起分析の背後にある理論を忘れないことだと思う。つまり，自分の考えている理解が「自分独自の空想」なのか，それとも理論やデータから演繹されるものなのか，その区別をしっかりつけるということである。

なお，継起分析に必要な理論と実際の臨床理解は，Schafer（1954），小此木・馬場（1989），馬場（1999）に詳しい。ぜひ参照されたい。

コラム6／包括システムと力動的解釈

包括システムは，Exner, J.E. らがロールシャッハの 5 体系をまとめあげることで作り上げられている。そしてここには，精神分析理論に基づくロールシャッハ理解で知られる Rapaport, D. と Schafer, R. も含まれている。

しかし，現在の包括システムの解釈そのものに精神分析理論が含まれているわけではない。むしろ包括システムは，特定の理論に依拠しないことで発展している。

だからといって，包括システムが理論を否定しているわけではない。海外に目を向ければ，包括システムを用いながら力動的な視点で解釈する臨床家はたくさんいる。Exner とともに包括システムの発展に尽力した Erdberg, P. は力動的な視点を重視することで知られているし，Silverman, L. は自己心理学の観点から包括システムを活用し，精力的に論文や著書を出している。

私の乏しい経験からの着想ではあるが，包括システムによる解釈と力動的な継起分析を比較したとき，両者にそれほどの違いがあるようには感じられない。違いがあるとすれば，それは記述言語の違いなのかもしれない。本事例の解釈をみても，この点は納得していただけるのではないかと思う。

ただ，継起分析は時系列に沿って反応語を理解するだけに，包括システムの解釈よりも，もっと直接的に被検者の力動関係（行動や思考の因果関係）を示しやすいという特徴があるように思う。誤解を恐れずにいうなら，包括システムはパーソナリティの横断面を描き出すことに長けているのに対し，力動的な継起分析は縦断的に描き出すのかもしれない。しかしそれは，両者の特徴（差異）をあえて強調して言うならば，という程度のものにすぎないと思う。

コラム7／解釈結果をまとめるために（総合解釈編）

記号の解釈や継起分析を一通り終えると，次にやってくるのは「まとめ」である。これがまた，とても難しい。

おそらく，各々の臨床家がそれぞれの工夫をこらしているのではないか。本書第3部のディスカッションには，その一端が描き出されている。

私自身は，主治医への所見にしても患者へのフィードバックにしても，「結果を一言で表すとどうなるのか」という視点をもつようにしている。

たとえば，病院で主治医とすれ違って「あの患者は，どうでしたか」と聞かれたなら，どう応えるだろうかと想像しながらまとめている。

おそらく，長話は野暮だろう。手短に患者の本質を伝えたい。

患者本人に結果をフィードバックするときも，長い説明や専門的な話は不要と思っている（伝え方や伝える内容によっては，その後の臨床的関わりに難しい事態を引き起こしかねない）。今この時点での患者が受け取ることのできる内容を吟味して，簡潔にまとめるようにしている。

患者の「本質」が何かを考えようとすると，私にとっては，やはり理論が重要になってくる。パーソナリティの種別によって課題になりやすいテーマが，ある程度分かっているのも，理論のもたらす強みである。

もちろん，データを無理やり理論にあてはめることは避けなければならない。あくまでもデータの積み重ねから，患者の姿を考えることになる。しかし，パーソナリティ理論が頭に入っているのといないのとでは，データを見るときに参照できる枠に大きな違いがあるのではないか。先達が積み重ねてきた豊かな知見があるのだから，それを活用しない手はないように思う。

3 加藤志ほ子による所見[注2)]

所見（片口法と力動的解釈）

ロールシャッハテストの読み取りは，まずは全体的な特徴から取り組むことになる。Summary Scoring Table からその人の全体的な特徴を理解し，平均からどのくらいずれているか否かを注目したり，Basic Scoring Table へ戻って形態水準の低下の様子を見たり，Scoring List を見て，どの流れで形態水準の低下や上昇がおこりやすいのかなどを見ることで，実際のデータを読む前に，気を付けてみるべき点などをあらかじめ心に準備して，特に気を付けてみるポイントなどを想定することから始まる。

このデータは，ほどほどの生産性があり，反応決定因も十分にあり，内容も豊かで反応内容の幅もあり，Art や Arch など知性化や構造化の力のありそうなデータとなっている。「万華鏡」「お祭り」など華やかな連想をすることもあり，活力のある面も内包している人という連想が続く。スコアは，内容も表現力も十分にありそうな，内面性の豊かさを示していそうである。しかし同時に，コントロールの悪さや情緒刺激の強まる場面での統制の悪さも示されており，特にⅦカードで2つの不良形態反応がみられることや，Food 反応がⅥカードとⅦカードに見られるなど，この人のテーマにつながりそうな，自我機能のアップダウンがあることが推察されるスコアになっているのが特徴である。この不良形態反応が，実際のデータの中で，どのようであるかに注意しながら，データを読み進むことになる。

実際の生データを読み進むときは，連想の仕方や，その説明の仕方や，

注2）第2部の執筆者は吉村聡だが，この「加藤志ほ子による所見」のセクションのみ，加藤志ほ子が著している。

その時のテスターとのやり取りにも気を付けながら，反応の水準を考え，その反応を被検者がどのように体験し，テスターに説明してくるかなどにも注目しながら，読みすすむことになる。

自我の機能の活力のある部分と，外界把握力や連想力が低下する時の様子，内向する様子，そこをどのように体験して，そこからの回復があるのか否か，回復の仕方や水準について吟味していくことが自我機能の査定に影響してくる。

このデータは，特にⅦカードでの外界把握力の低下や，テーマの退行や，急速な知性化を伴った漠然反応がみられ，声も小さくなり，被検者自身も困惑している様子が窺われる点が特徴の一つと考えられ，これを全体の自我機能とのバランスで，考えていくことになる。

報告書としては，以下のようなものとなる。

【心理検査結果報告書】

被検者氏名・年齢	**F（30歳代）**
検査施行日	**X年Y月Z日**
検査報告日	**X年A月B日**
検査者氏名	**吉村　聡**

検査態度

10年ほど前に医療機関を受診し，その時も検査を受けているが，内容については記憶がないという。今回も心理療法を希望しており，了解は良い。躊躇いや戸惑いも，滑らかに表現するところがあり，言語表現力は豊かな印象。反応しながら，自分の内側と照合し，自分自身がはっきりしないものの時は声が小さくなることもある。一方で表現できる時には「破壊行動に出るための前進なのかもしれません」などと個性的な表現をすることもできる人。内面の豊かさと，敏感さと，内側に向かいやすい内向性と，相手に負けずに外に打って出ようとする積極性を備えている人。

Scoreの特徴

TR＝22	W：D＝16：6	M：FM＝4：2	
R1T(Av.N.C)＝14.6″	W%＝73	F%＝45	F＋%＝40
R1T(Av.C.C)＝11.0″	Dd＝0　S＝0	ΣF%＝82	ΣF＋%＝61
MDC & T＝Ⅷ，41″	W：M＝16：4	R＋%＝50	
	M：ΣC＝4：3.25	H%＝23	A%＝27
	FM＋m：Fc＋c＋C′=5.0：3.5		At%＝5
	Ⅷ＋Ⅸ＋Ⅹ/R＝36%		P＝6
	FC：CF＋C＝0：3		CR＝10(5)
	FC＋CF＋C：Fc＋c＋C′=3：3.5		DR＝7(4)

＊総反応数は22と平均的な生産性を示している。初発反応時間も安定しており，新しい課題への取り組みはスムーズである。Ⅷカードだけでなく，Ⅶカード，Ⅸカードでも初発時間の遅れがみられ，情緒刺激に対応するのに，かなり内的には自己統制にエネルギーがかかっていることが行動面には示されているといえる。

＊課題への取り組みは，圧倒的な全体把握傾向で，なるべく統合的に関わり，総合的に対処しようとする頑張りのある人であることが推察される。16個の全体反応のうち，形態水準の良好な8個の反応には，十分にこの人らしさと表現力のある内容が示されている。さらに，反応内容の幅もあり，反応決定因の幅もあり，豊かな知識が活用されて内容が説明されていることが多い。色彩カードや陰影カードになると，形態水準がやや低下した反応になることが多く，頑張り切れないという思いが強まることがあるのではないかと推察される。外界を分割して対処する時にも，形態水準が保てないことがある。

＊色彩カードでのコントロールは不安定になることが多く，客観性優位でいられなくなる動揺が大きい様子が示されている。

＊社会性のある平凡反応も多く，自我機能の幅を示す反応決定因の多さもあり，反応内容の幅も非常に豊かで，知識や知力のある人と思われるが，内向傾向が大きく示されており，内側での統制に，かなりエネルギーをかけており，時々は統制不全になり，心気的な形で現実適応を手放してしまう弱い面もあるのではないかと推察される。

＊対人関係への気の使い方，細やかさはかなり高いのではないかと思われる。

所　見

〈自己表現力の豊かさと，敏感さ〉

以前に長く心理療法を受けていた経験からか，この人本来の力もあるのか，課題に対して，連想を進めていくときの表現力は豊かで，思いついたことから言葉にしていく作業が滑らかにできている印象。連想に先立ち「面白いですね，何でしょう，……真ん中のちょっとわかんない」「ん～そのくらいでしょうかね」などと述べることが多い。目の前の対象に対し，自分から積極的にコミュニケーションをとっていく気働きがある。それに引き続く内容は豊かな内容で，知性化を伴い，やや個性的に反応を装飾していくことが多い。こうしたファンタジーを楽しみ，相手に伝えていく能力は十分にあると思われる。Ｉカードから「人が踊っている……光があるから向こう側にいる人はわからない……法衣を着てイメージはキリスト……宗教的な儀式……火の元というより夜の感じ……」などと理想化傾向が示され，内面で空想化が活発に進みやすい傾向がみられる。

〈不安の収まらなさと葛藤の持続〉

活発な運動を伴った人間反応のあとに，「骨盤」と不安反応が示されたり（Ｉカード），「お祭りで音楽が流れていてダンスを踊っている」という楽しそうな反応を示していても，カードの中の赤に注意がいくと「ちょっと血のイメージがあって，顔の方は踊っているので上気したイメージで，足の方は強くぶつけてしまったような，ゴツンというか強かったような」と修正を伴いながら，不安や不快感や衝突などの否定的な気分や欲動に引きずられてしまいがちである（Ⅱカード）。情緒統制をすることにはエネルギーをかけていて，たいてい上手に表現していける自我の力はあるものと思われるが，どのカードでも「人魂」「やかんと火」「万華鏡」など，不安定なものや不安につながりそうな物が連想されてきて，初めに連想した明るく，楽しげで，活発な世界に安定しきれないでいることが示されている。この葛藤に，持続しがちな自我機能の特徴があるといえる。

〈依存を巡る問題〉

Ⅶカードのように，陰影刺激の多いカードでは，かなり対応に苦慮している。それ以前のカード（Ⅴ）でも，色彩の濃淡にこだわり「ベターっというより……厚ぼったい……光が当たるとふさふさしている」などと，表現を言い変えてこだわりを示している。Ⅶカードでは「カニの手」，「犬（不良形態反応）」「一本の裂けたもの。造形でしょうか」と不良形態反応が連続し，カードの特性の陰影には触れることができずに，対象を細分化したり，距離を置いた物にするのがせいぜいで，やや破壊した造形ということで知性化して対処するのが精いっぱいの水準にとどまっている。依存欲求を巡る問題が，かなり深刻なテーマとして内在していると推察される。

これだけ内面をよく観察して，思いつくことを言葉にできる人であっても，このテーマになると，自動的に感受性が閉じて，気持ちが硬くなってしまい，そこが感じにくくなるという問題があるのではないか。

〈表現力への自負心，相手に負けまいとする競争心〉

自分の知識の豊かさや表現力の確かさには自負心もあり，控えめではあるが誰とも負けずにやりたいと内心願っており，知力も十分それを支持していると思われる。元気のよい時はその気分で行けるものの，相手との関係性の中で，不安が意識されてしまうと，その防衛にエネルギーがかかり過ぎ，防衛不全がおこることもあるのではないかと推察される。依存を巡る問題はテーマであり，30代になり結婚が具体的になった時に，対象との距離の取り方についての葛藤の自覚は，日常の内省傾向を超えてストレスになるのではないかと推察される。

〈洞察志向的面接への適応について〉

上述のような葛藤への脆さはあるものの，面接治療を活用することで自分を見つめなおし，新しい対象との関係性を見直していく作業を選択する力は，人生を前向きに進もうと考える自我の強さとも考えられる。

自我機能水準は，全体的には神経症水準にあると考えられる。面接者との関係性の中で，依存を巡る葛藤や脆さについての問題を内的に自覚したり，整理されることが期待できる自我水準であり，洞察志向的面接が可能と考えられる。

加藤による加藤の所見へのコメント

この所見をまとめるときに留意した点について，少し述べておきたい。この事例は，本人に会っていない，資料だけの出会いであり，その状態で所見を書くというのは，なかなか難しいというのが，率直な感想になる。やはり臨床場面で本人とお会いして，目で見た印象や，表情やしぐさや，声の調子や言葉の使い方や抑揚などの行動の特性を含めて被検者を実感し，そして検査を実際に施行した関係の中から，被検者を理解していく部分の多さというものが普段の臨床の中にはあるのだということを，改めて感じたことになる。

また，資料だけから被検者についての読み取りをすることは，勉強会でもよく行われているし，精神鑑定業務などでもあることだが，この所見の読み手が精神療法担当者であることも一つの課題であり，どのように報告することが，面接に役に立つのかを考えて報告書を作成するようにしたという点が，留意点の一つといえるのではないかと思われる。

もう一点，報告書を読み返して気づいたことは，この検査の位置づけが読み手に伝わるように，状況説明が多くなっていることや，反応内容の提示などが多めになっており，読み手に，この検査からはこのように読み取りましたよということを納得してもらいたいという気持ちが多めに出ているかもしれないと思いいたっている。普段の臨床でも，報告書を作成する時に気を付けていることがあり，読み手が精神科医や心理士のようにロールシャッハテストについて知識のある人ばかりでない場合にも，報告書を読めば検査の中で何が起こり，検査のどういう点から，被検者への理解がどのように進んだかが伝わるように記述していきたいと心がける癖がある。解釈の根拠はここにあると提示していきたいと考えているからかもしれない。

この資料を読むと，Ⅰカードの初めから，十分に理解がありながら検査への取り組みへの軽い戸惑いの気持ちが表明されている。そして連想が静かに続き，活発な連想も示され，さらに心気的な形での不安を投映する連想も示されている。また質問段階になると，流暢に適切な言葉を使用して豊かに説明がなされており，言葉でこうした課題をこなすことはかなり得意な分野と推察される資料である。以前に長く心理療法を受けた履歴があるということで，そうした経験は，心に浮かぶことを言葉にしていく作業力がつき，多弁になったり，表現力という点では豊かになることが多いように思われるが，量ばかりでなく質も高く，気持ちや考えていることがよく伝わる水準の高いもので，内省力もかなりあることが推察されてくる。

情緒的な敏感さもあり，目の前にいる対象に，自分の細やかさや豊かさを伝えていくことが上手な被検者である。この人の感受性の表現の仕方は，どちらかというと女性的で感性の豊かさを表明したい傾向がみられ，気分を大切にするという点からはヒステリー傾向があるとも考えられる資料といえる。本人はなるべく知性的に処理をしたり，表現することを心がけており，この点は彼女の中では男性的に男性社会でも負けずに，対等に張り合っていける部分として自負しているのではないかと推察される面でもある。

こうした頑張りの中にいても，なお処理のつかない情緒に悩まされる，自我機能の脆さが，陰影カードを中心に露呈しており，ここに本人の苦しさがあるのではないか考えられる資料と思われる。主訴の「離人感」「不眠」「抑うつ気分」につながる力動として，依存を巡る葛藤などが推察されるが，本資料の中にもはっきりとその動揺が示されており，ここが報告の大事なポイントとなると考えられた。そして，その水準がどの様であるかが検討されるが，全体の豊かな自我機能の中での，揺れ幅の位置づけを考えると，かなり落ち込みはあるものの，しっかりした機能の中に収まっているものとして理解が進むことになった。

こうした読み取りの後，報告書を作成し，〈自己表現力の豊かさと，敏感さ〉，〈不安の収まらなさと葛藤の持続〉，〈依存を巡る問題〉，〈表現力への自負心，相手に負けまいとする競争心〉，〈洞察志向的面接への適応について〉と項目をたてた報告書を作成した。

一言付け加えるなら，ロールシャッハテストの読み取りの力がついている検査者の資料は，必要なことが聞き取れていて，検査状況もよく伝わることが多い。この資料も，様々なことが読み取れる良い資料であるといえる。

4　吉村聡による所見

所見（包括システムと力動的解釈）

以下に，吉村の解釈レポートを示したい。

なお，ここで提示される所見はロールシャッハテストに特化されているが，日常の臨床業務で，ロールシャッハテストだけで所見をまとめることは，まずないと言っていいだろう。実際には，いくつかの心理検査（たとえばSCTや描画など）の結果をそれぞれ記載し，さらにこれらを総合的にまとめる作業をしている。

そもそも，単一の検査だけで分かることには限界がある。たとえばロールシャッハテストは，被検者についてたくさんのことを教えてくれる。しかし，どんなに優れた検査であっても，それは一つの検査にすぎない。ロールシャッハテストのように，対人関係をもとにして言語を媒介に実施された検査に加えて，対人関係をあまり含まずに言葉を用いる検査（SCTなど），非言語で表現してもらう検査（描画法など），自己理解を客観的に捉える検査（質問紙）があわさると，被検者を立体的に捉えやすくなるだろう。

ロールシャッハテスト　所見

患　者：F（30歳代女性）
報告者：吉村　聡

検査態度

心理検査は，心理療法導入の参考のために面接者によって導入された。

検査には一貫して協力的で，検査者（＝面接者）への気遣いや配慮の行き届いた落ち着いた物腰だった。その一方で，ロールシャッハテストの質問段階では，検査者から反応について尋ねられる前に，先取りするようにして説明することがたびたび見受けられた。この様子から，一貫して控え目な態度をとる人ではあるものの，その背後に，積極的に自分を表現して認めてもらいたいという願望をもつ可能性もうかがわれた。

検査結果（末尾に構造一覧表を添付）

1．豊かな資質と落ち着いた物腰

検査中は終始落ち着いており，反応の説明のほとんどは検査者に分かりやすいものだった。自分自身の内的体験を言葉にして適切に他者に伝えようという動機と，それを可能にする力をもつ人であると考えられた。

外的事象に対処するための基本的な力も備え，ある程度の心のバランスも維持できていることが予想された（EA＝10.0, D＝＋0, Adj-D＝＋1）。現実検討能力が適切に維持されている点も（XA%＝WDA%＝0.81, X－%＝0.19, P＝5），適応の助けになると考えられた。

2．親密な関係への強い希求と葛藤

親密な関わりを求める気持ちの強さがうかがわれた（T＝3, Fd＝2）。おそらくこの心持ちは本人の自覚の範囲にあると予想され，強い依存願望を実感しようとすると，この気持ちに隔離などの防衛で対処しようとするが，この抑え込もうとする働きがうまくいかないことがあるようである。親しいかかわりへの希求は，しばしば傷つけられる不安や（MOR＝6），自分の気持ちを飲みこまなければいけないという思いと併存しており（C′とのブレンド反応），心の作業が忙しくなりがちな様子がうかがわれる結果となった。

3．知的作業への注力と競争心

抑制の取れた落ち着きのある振舞いの奥には，知的であることへの強い思いが秘められていると考えられた。

すぐれた判断力と思考能力をもとに，知的かつ丁寧に物事を考えることを好む人のようである。たくさんの情報に手を伸ばし，統合的かつ総合的に判断しようという気持ちが強い（Zf＝15, W：D：Dd＝16：5：0）。おそらく，出された課題にかなりの精力を傾けて真摯に取り組み，その知的な作業の中から自分の独自性を発揮したいという願望の強いところがあるものと思われる。

ロールシャッハ反応には，ときおり「イエスキリスト」のような偉大な男性像や「ロケット」のように突き進んでいく対象なども含まれていた。自分の知覚体験をもとに適切に説明されたこれらの反応には，丁寧な仕事をしたいという気持ちだけでなく，男性的に突き進んでいきたいという競争心も含まれていることがうかがわれた。

4. 精力的な取り組みからの急激な脱力

目の前の物事に力いっぱい取り組んで結果を出そうとする反面，まるで力が抜けてしまい，知的にも体力的にもほとんど身動きが取れなくなるような状態に陥るところがあると予想された。豊かで良質な反応とは対照的に，あまりに曖昧な知覚が多いところに，彼女のこの特徴が示唆されている（DQv＝3, DQv/＋＝1）。

反応例をみると，この様子がよく表れている。たとえばⅠカードでは，まず最初に先述の「イエスキリスト」を知覚した。この反応は十分に明細化の行き届いた適切な反応だったが，これをキリストに断定することができずに曖昧な意味づけのまま終わった。そして力のこもったこの反応の直後には，ほとんど形の説明の伴わない「骨盤」が続いた。これらの反応とその継起には，精力を傾けて与えられた作業に取り組みつつ，「これでいいのだろうか」という不安を同時に感じがちであること，そしてその後には，急速に力が抜けて何もできないような不安と虚脱の状態に陥る可能性のあることが示されていると言える。

5. 考えることによる対処と，否定的な物思い

自分自身を頻繁にふりかえりがちである（3r＋(2)＝0.48, FD＝1）。自分について考える習慣は，しばしば内省的な心理療法への適性を示唆する。しかしこの振り返りは，否定的な考えに満ちていることが推察された（MOR＝6）。

あれこれと考えがちである一方，自分の率直な感情に触れにくいとこ

ろもある(FM＝1)。欲求や感情に素直になる代わりに，何をどうしたらいいのか考え(M＝5)，不安緊張を高めながら(m＝4)，「どうしたらいいかわからない」という心情に陥ることがあるかもしれない(EB＝5：5.0)。

まとめ

ある程度の適応力と知性をもつ女性であるが，依存願望をめぐる不安と防衛で困りやすい人なのだろう。親密さへの強い希求は，知的な努力と成果によって認めてもらおうとしたり，逆に内的欲求の実感を抑え込むことで対処しようとしているようである。依存心をめぐるこの一連の心の作業は，本人にとって負担が大きく，自分を生きているという実感を遠ざけるものとして体験されることだろう。

性格傾向としては，他者に映る自己像としてのまとまりが維持され，パフォーマンスとして形づくられているように思われるところや，美化が用いられているところなどに，ヒステリー性格としての特徴が観察された。同時に，隔離などの防衛を多用するところもあり，強迫性格の特徴も認められた。おそらく，このどちらかに固定化されるということではなく，両方の特徴を兼ね備えた人なのだろう。

また原始的防衛機制は観察されず，基本的には隔離（高次の神経症的防衛）での失敗にとどまっているところから，病態水準としては神経症水準にあると考えられる。

表：ロールシャッハ結果（包括システム　構造一覧表）

Control			*Affect*	*Interpersonal Perception*	
R = 21	L = 0.5		FC:CF+C = 0:5	COP = 2	AG = 0
EB = 5:5.0	EA = 10.0	EBPer = N/A	PureC = 0	GHR:PHR = 5:1	
eb = 5:4	es = 9	D = +0	SumC′:WSumC = 1:5.0	a:p = 8:2	
	Adjes = 6	Adj-D = +1	Afr = 0.50	Food = 2	
FM = 1	SumC′ = 1	SumT = 3	S = 0	SumT = 3	
m = 4	SumV = 0	SumY = 0	Blends:R = 5:21 (24%)	H-Cont = 6	
			Col-Shd Blends = 0	PureH = 3	
			CP = 0	PER = 0	
				Isol Index = 0.05	

Ideation		*Mediation*	*Processing*	*Self Perception*
a:p = 8:2	Sum6 = 4	XA% = 0.81	Zf = 15	3r+(2)/R = 0.48
Ma:Mp = 5:0	Lv2	WDA% = 0.81	W:D:Dd= 16:5:0	Fr+rF = 0
2AB+Art+Ay = 2	WSum6 = 8	X-% = 0.19	W:M = 16:5	SumV = 0
MOR = 6	M-	S- = 0	Zd = +3.0	FD = 1
	Mnone	P = 5	PSV = 0	An+Xy = 1
		X+% = 0.48	DQ+ = 8	MOR = 6
		Xu% = 0.33	DQv = 3	H:(H)+Hd+(Hd) = 3:3

PTI = 0 [ ]　DEPI = 2 [ ]　CDI = 1 [ ]　S-CON = 4 [ ]　HVI = [No]　OBS = [No]

吉村による吉村の所見へのコメント

この事例の所見をまとめるときに工夫・留意したことに触れつつ，少しばかり自分の所見を振り返ってみたい（日頃，所見をまとめる上で留意している点は，「コラム8」にまとめられている）。

テストデータを見ていくと，この事例についてのいくつかの特徴が浮かび上がってくる。それを私なりのクラスターにまとめていくわけだが，今回もっとも気を配ったのは，「適応力」と「問題」をどうバランスよくまとめるかという点だった。

ロールシャッハテストは，この検査を受ける者に一種の退行状態をもたらすため，その人の弱いところや病理的側面が浮かびやすい。ロールシャッハテストには，しばしば過剰病理化の問題が指摘されるが，それは確かにこの検査が病理的な側面に敏感であるために起こりかねない事態である。しかし問題は，病理の問題ばかりに目を向けて，被検者の適応力をすくい取り損ねていることにも一因があるのではないだろうか。

この事例Fの場合，おそらく最も目立つ（分かりやすい）のは，依存をめぐる問題であると思われた。しかしロールシャッハから見えるこの人は，依存葛藤だけに心を占められているわけでもなければ，病理一辺倒でもなかった。

彼女の所見は（そしておそらく，私がまとめる所見では多くの場合に），まず人の目にどのように見えるのかを記述し，そして強さや適応力についても述べていると思う。所見の「1. 豊かな資質と落ち着いた物腰」には，そのようなことをまとめようとしている。その上で，「それでも，彼女には以下のような点で適応に苦慮するところがある」と述べるような気持ちで，以後の所見が綴られている。

しかしその「問題」を記述するにあたっても，とりわけこの人の場合には，問題が問題として述べられるだけでは適切とは言えないところがあるように思われた。依存をめぐる問題について考えると，この事例には人と親密になることに課題があるようである。ロールシャッハ反応には，親密さを求める思いの強さが繰り返し示唆された。たとえばCard Vという単純な図版においてさえも材質感が知覚されている一方で（つまり強い依存願望が本人の意識下にある），Card Ⅶにおける反応のように，感情閉鎖的になって依存願望を無理に抑え込もうとしながらも，自我の対応を手放さずにいる様子も見受けられた。これらの依存をめぐる「意識化」と「自我対応を完全には放棄しない中での抑え込み」には，強い依存欲求を抱えているだけに生じる困惑が十分に自覚されていることが推察された。

自分の問題に全く気づかず，不安にあおられるままやみくもに行動化しているのと，ある程度自覚して悩んでいるのとでは，臨床像も治療経過も異なるはずである。「2．親密な関係への強い希求と葛藤」には，この「自覚」を含めることに留意している。そしてこれは「3」以降も同様で，彼女の「適応と問題」，あるいは「心づもりと，気持ち通りにはいかない現実」を並列して述べたいと思っていた。たとえば，「精力的に頑張りたいのに，急に力が抜けてしまう」「自分について考えるという内省的な傾向があるが，自己否定的な思いに傾きがち」などは，こうした私の気持ちからまとめられた所見である。

また，所見をまとめる上でロールシャッハテスト以外の検査結果も活用する必要があるのは，すでに述べた通りである。この事例Fについても，ロールシャッハテスト以外に，SCTなどの心理検査を実施している。しかし，この事例のロールシャッハ反応をみてわかる通り，彼女の反応（あるいは投映）は言語表現力や空想の豊かさに特徴があり，彼女自身の姿が色濃く反映されがちである。したがってSCTの記述にも，彼女らしい空想／思考／感情／行動などが具体的にわかりやすくつづられていた。そのため，個人情報保護の観点から，今回はSCTのデータ公表と考察を割愛せざるを得なかったという事情がある。しかし，SCTに綴られた不安と不安への逡巡のありようは，Fさんが自身の問題をある程度自覚していること，そして彼女のパーソナリティが神経症水準のまとまりを有していることを明瞭に示唆していると言えることだけは，付言しておきたい。

最後に，個人的な感想を一言述べさせていただきたい。

所見を書くという作業は，やはり，とても難しいと思う。長年，加藤先生からご指導をいただいてきたが，あらためて先生の解釈レポートを拝見し，自分のレポートと比較すると，思わずため息の漏れるような心持ちになる。言葉の的確さ，特に短い言葉に適切な内容が分かりやすく記述されていることに，頭の下がる思いがする。この患者は私が関わった人であり，加藤先生は一度も会ったことがないのである。その事実も併せて考えると，先生の解釈と臨床感覚の鮮やかさに感嘆を禁じ得ない。学びの不足を感じるし，まだまだ教えを乞いたい気持ちが募る。

臨床の途は長い。確かに厳しい面もあるだろう。でも同時に，私はこの途が魅力的で楽しいものであることを信じて疑わない。加藤先生の所見を読んでワクワクしている私にとって，それは紛うことなき事実のようである。

コラム8／所見をまとめるという作業について

包括システムにおいて標準的な所見のまとめ方は，Exnerの教科書にあるような形式，すなわち「自己知覚」「感情」などのクラスターごとにまとめるものだろう。

もちろん，そのようなまとめ方はとても分かりやすくて有益である。私も，結果を解釈するときには，クラスターごとの理解を活用している。包括システムの膨大な知見を整理する上で，クラスターや解釈戦略の考え方は理解の大きな助けになる。

しかし一方で，私は，加藤先生の指導を受ける中で，「被検者ごとに5つ前後の特徴にまとめる」という形式が気に入っていて，いつも上記のような形で所見をまとめることにしている。

所見をまとめる上で私が留意しているのは，以下の点である。

一つは，主治医の依頼意図があれば，最大限これに応える努力をしたいと思っている。鑑別依頼で心理検査がオーダーされることは多いが，検査からわかったこととわからなかったことを意識して，所見をまとめたい。

二つ目にあげられるのは，患者の姿が立体的に浮かび上がるようにすることである。留意しているというよりも，目標にしていると言った方がいいかもしれない。所見を読んだ主治医が，患者の日常をビジュアルに思い浮かべられるような所見をまとめられるようになりたいと願っている。

さらに，データを併記することにも気を配っている。ここでいうデータとは，ロールシャッハの記号や指標だけでなく，具体的な反応語も含めている。

もちろん，大部分の精神科医はロールシャッハの記号を見ても意味が分からないだろう。それでも私がデータを付記したいのには，①主観的な判断でなく，ある一定の手続きと根拠をもって所見をまとめていることを示したい，②反応語を提示することで，所見に記載した内容をイメージしやすいようにする，というふたつの意図がある。

４点目は，なるべく専門用語を使わないという点である。解釈の根拠としての記号は付記するが，解釈レポートの本文（文章）には，なるべくジャーゴンを用いないようにしたい。「収縮的統制」「摂取過剰スタイル」と書かれても，精神科医やコメディカルのスタッフには（用語によっては，同じ心理職であっても！）意味が分からないだろう。彼らが一読して分かるような所見が理想である。

最後にあげる留意点は，患者のパーソナリティタイプと病態水準を意識することである。パーソナリティタイプについては，いずれかに判別できることの方が少ないと思う。それならそれでいい。それが現実だからである。肝要なのは，何がどこまでわかったのかを明示することではないかと思う。

こうしてまとめてみると，どれもあまりに当たり前の事柄であるという事実に，私自身，あらためて驚かざるを得ない。それだけ，当たり前のことを当たり前にこなすのが難しいということでもあるかもしれない。

5　フィードバックと，その後の心理療法についての覚書

心理検査を実施する時点で，私がＦさんの心理療法を引き受けることは決まっていた。このように，あらかじめ検査者と面接者を兼ねることが決まっている場合，私は検査結果をアセスメント面接のフィードバックと一緒に（多くの場合，検査結果とアセスメント面接結果に共通する部分を混ぜて）伝えている。検査結果だけを書面で渡すかどうかは場合によって異なるが，この事例の場合は書面での伝達をしていない。

私が伝えたのは，以下の２点である。①社会生活で困らないだけの十分な心理的な力があり，さらに，言葉を介して自分らしさを拓いていきたい気持ちのあること，②気持ち的にも物理的にも，親しい相手に近づきたいと思うことがあるが，実際には「それでいいのだろうか」と不安になったりあれこれ考えてしまう。そのため，自分で満足いくように相手に頼ったり甘えたりできず，むしろ強がることもあるかもしれないこと。

私から結果のフィードバックを受けると，彼女は「あっ」と軽く驚くような素振りをみせて，それから何度も頷いた。そして父親との関係，亡くなった母や姉との関係を，自発的に連想していった。とりわけ亡くなった母親に対する思いは葛藤的で，母から愛されているという実感をもてていたかどうかが分からないこと，しかし母が病に倒れて彼女がつきっきりで看病する中で，ようやく母を「独り占めできたような気がする」ことなどを語っていった。その様子から，私は彼女が自分を振り返る力をもち，面接者との関わりの中から得るものがある人だとあらためて感じ，心理療法の契約を交わすに至った。

面接は，週１回の頻度で精神分析的な関わりによって数年間続けられた。

面接初期には，フィードバック面接で話題になった母親のことはほとんど語られなくなったが，母との関わりについては，常に意識の片隅にあるように感じられた。また，彼女はお酒を飲んで記憶をなくすことがあり，それを大変に恥じていたが，記憶をなくすことでしか甘えられない自分についても理解しているようだった。

心理検査で得られたような依存をめぐる問題は，早くから治療関係にも表れていたように思う。依存対象としての私は，概ね否認されがちだった。治療関係について触れられると，「先生との間には何の関係もありませんから」と応えたこともあった。その一方で，面接が進む中で，「（たとえ治療者に頼りたいと思うことがあったとしても）先生に抱きつくわけにはいきませんから」など，依存対象としての私が性愛化された形で体験されていることが明らかにされる場面もみられるようになっていった。

面接プロセスを通して最後まで際立っていたのは，甘えを背景にした強がりと競争心だったように思う。しばしば私は，Ｆさんの方が自分より教養豊かであり（おそらくそれは事実だろうと今でも思っている），そればかりか，彼女の方が心理療法や精神医学に詳しいかのように感じられていた。彼女は私の解釈をゆっくりと何度も頷くことで同意することが少なくなかったが，Ｆさんの正面に腰かける私は，幼子が怖い母親からの承認をようやく得たかのような心持ちになることもしばしばだった。このあたりの関係性も，ロールシャッハ所見によく表れていたものだろう。

面接は不眠や抑うつ気分の軽快と，依存をめぐる問題の取り扱いがある程度進んだところで，終結を迎えた。最終回，Ｆさんはお礼の品として大きな菓子箱を差し出したが，「スタッフの皆さんで召し上がってください」と述べることで，私個人への感情を希釈しようとしたようである。これは，まっすぐな関わりをもつことに戸惑いやすい彼女らしい終わり方だったし，依然として甘えの問題が未解決なまま終わらざるを得なかったことを表すエピソードといえるのかもしれない。しかし，大きな菓子箱とは対照的に，いつもより一回りほど小さく見えたＦさんの姿は，彼女の言葉とは違ったメッセージを私に伝えてくれていたように感じられている。

コラム9／心理検査結果の患者に向けたフィードバック

近年，心理検査結果をどのように患者本人と共有するのかという問題が，さかんに議論されるようになってきた。かつては，精神科領域における心理臨床家の仕事は心理検査の実施と所見の作成ばかりで，患者に結果を伝えるということは認められていなかった。このフィードバックという役割が，徐々に私たちに期待されるようになっているという実情が，この議論を後押ししている。フィードバックの問題は本書の範疇を超えるが，少しだけ触れておきたい。

Stephen E. Finn は，検査結果のフィードバック面接を治療的に活用する道を拓いた代表的な臨床家の一人である（Finn, 2007 など)。「治療的アセスメント Therapeutic Assessment」と呼ばれるこの技法は，高度な訓練にもとづく実践と資格の取得を求めている。つまり，フィードバックは手軽にできるようなものではなく，高度に専門化された専門的な営みということである。

私は，患者本人へのフィードバックに対しては慎重にありたいと考えている。私の場合，テストもアセスメント面接の結果も，どちらもあまり長くフィードバックすることはないように思う。多くの場合，SCT に記載されていたり，患者本人によって自覚的に語られたことの中から，要点を絞って伝えている。

これは，本人の自覚にないことを短期間にまとめて伝えたとしても，それは心理教育的効果にとどまるのではないかという思いがあるためである。もちろん，心理教育も重要な心理療法的関与の一つである。しかし，その「教育効果」が，特に重篤な患者にあっては，病理的な意味づけに巻きこまれることを懸念しているという背景もある。

さらに，本人が自覚していないことには自覚できない理由があるため，不用意に伝えられた所見が，患者本人の心的均衡を脅かしかねないことも危惧するためでもある。とりわけこのＦさんのように，継続した治療面接が見込めるのであれば，大切なことは面接の中でじっくり取り組まれればいいと考えている（フィードバックをめぐるこの考えについては，吉村 2015 に短くまとめられている）。

第3部
ディスカッション

加藤志ほ子×吉村聡×池島静佳×北村麻紀子
×牧野有可里×松田東子×満山かおる

第３部はディスカッション編である。ここでは，第１部のレクチャーと第２部のケーススタディを素材にして，ロールシャッハテストの所見をどのようにまとめるのかというテーマについて，執筆者一同で議論が交わされている。

加藤先生は所見をどう書いているのか？

加藤：この所見は，このデータからだけで，検査態度についても今回はデータの中から拾ったことだけを書いています。普段は検査態度を書いて，スコアの特徴を書いて，そのスコアから読み取れることを書いて。クライエントさん本人に渡す時には，そこまでのものをご本人用としてお渡しするっていうようにしています。その後の所見については，主治医に向けてお返事するという形になります。あと，SCT（文章完成法テスト）を組み合わせて施行しているので，SCT から読み取れたことは，ご本人の言葉をそのまま使ったりしながらまとめたものを，お出ししています。最近の私流の報告の仕方がそうなので，それに乗っ取ってお書きしました。今回は，報告する人が面接者ということはもうわかっているし，テスターでもあるということもわかっているので，その中で，私が報告するというのがちょっと難しかったですけど，でも一応，読み取れるものについてはお書きしました。何かご意見とかご批判とかあれば。……でき上がってみると，吉村先生が書いたこととほとんど変わらないかなと思いますけどね。項目の立て方も，結局すごく近いですよね。

M：似ている感じがしました。

一同：うん，うん。

S：師弟関係っていう感じがしますね。

M：加藤先生の第１部の「文献から」というところで，形式的なところについて書かれていましたけど，あそこに書かれていた形式とは，ちょっと違うような印象がありましたね。「加藤先生の形式」という感じがしました。

加藤：あっ，そうですね。第１部に書いたものは，基本情報の他に，アセスメントの目的とか，検査目的とか依頼理由を書いて，そして，検査状況の様子を書いて，あるいはクライエントさんの検査を受けることへの理解とか体調を書いて，で，アセスメントの結果を所見としてお出しする。そして，その検査からの内容とその意味を書くように言われていて，それはスタンダードだと思います。で，最後に短く要約をつけるっていうのが，報告書の書式としては良いかなって思いますけどね。……あ，でもこれはそれに則ってないですね（笑）。

M：この所見の形式は，その中の一部を使っているという感じですか？それとも，先生は普段こういう形式で書かれている感じなのでしょうか？

加藤：ああ，今のクリニックでは，この形で出すことが多いです。

吉村：「この形」っていうのは，第2部のケーススタディの所見のことですか？

加藤：そうそう。

M：先生の形式として，何か，……ありそうな気がしますね。「私の形式」みたいなものが。

加藤：それは第1部の最後の方に，日常の臨床の中で報告書を書く時には，概ね次のような枠組みでするようにしていますっていうふうに書いたところがあります。それは，一番最初にクライエントの現在の状況，テストから見られた現状を描写する，一番外側にあるその人の適応のパターンを描写するっていうのが一番。吉村先生はね，一番その人が分かりやすいように，短い言葉で描写するって書いてあったと思うんですけど。それから，パーソナリティの傾向を力動から読めたことを書いて，それから対人関係の特徴を書いて，そして，まとめと今後の展望というものをだいたい書くような形。私の形としては，そうなっているかもしれないです。

S：そうすると，この所見だと，態度とスコアの特徴のところは，患者さんというか，被検者の方に向ける時にはどうお伝えすればいいのでしょうか。

加藤：態度と，スコアの特徴のところは，そのまま被検者本人に伝えても良いように記述しておき，スコアの意味も伝えてよいと思います。その他，特に本人のテーマとつながると思われる点は，注目点として記述すると，本人にも自分が気にしている問題として伝わるのではないでしょうか。

所見をまとめる上での工夫

加藤：皆さんは，どういうふうにしていらっしゃるんでしょうね？　それぞれの勤務先で，習慣的に一番ニーズに合ったお返事の仕方っていうのがあるのではないかしら。

K：依頼されるドクターによってですが，分かりやすく，何が問題かっていうのを簡潔に書いて欲しいって仰るドクターがいるので，私は，この所見を拝見して，すごく細かくて丁寧だなって思いました。とても長く書かれているって。これでもコンパクトだと思うんですけど，私は，「Ａ４一枚にまとめなさい」と言われたことがあって。

加藤：臨床の要請はそうですよね。

K：はい。とにかく箇条書きにしてほしいとか，分かりやすくとか，テストの依頼に対して，カチッとそこの言葉だけをしっかり書いてほしいとか。あまり細かいことはいらないから，病気か病気じゃないかとか，パーソナリティ傾向だけが分かればいい，と言われることもよくあるので。とにかく，Ａ４一枚に，Ａ４一枚にって思いながら書いてしまいます。

加藤：ああ，でもそれは，大事なことだと思いますけどね。

K：なので，だいたい私も書き方としては，まず検査態度や基本情報を書いたりして，その後すぐに，総合所見というのをポンッともってきて，とりあえずそこだけは見てくださいっていうふうにして，その後に細かな，WAIS-III とかロールシャッハとかの各検査の所見を書いて，見たい先生は裏も見てください，みたいな感じにはしています。

吉村：まったく同じです。僕も所見を書くときに，最初に大抵４～５行くらいの総合所見を書いていて。で，続きは読みたい人が読むという感じで，ロールシャッハとか WAIS-III とか，それぞれの検査の所見を個別に記載して。今回のケースは，ロールシャッハだけだったから，こういうふうになったけど，総合所見は，もうとにかく，トップです。

K：それは，だいたい皆さん共通なんですね。

M：私は，総合所見は一番最後に書いています。それぞれの検査の所見をズラズラ書いて，最後にまとめ，という形で書きますね。

吉村：頭のなかで考える順番としては，そっちの方がいいですよね。

M：考えられないから（笑）。まとまっていない状態で書きはじめるので，書きながらまとめています。

吉村：それはもう，ドクターの忙しさとかニーズによって違うけど，後の方に書いてあることを，お医者さんとすれ違った時に，「あそこのがああだったね」と言われると，ちょっと嬉しいですね。

一同：嬉しい，嬉しい。

S：見てくれているんだな，と思いますね。

吉村：見てくれていて，しかも覚えていてくれたんだ！みたいな。

M：ドクターによっては，所見に赤ペン入れてくれているドクターもいてね。

吉村：あー，いるいる。

M：あ，すごいちゃんと読んでくれている！と思うけど，時々訂正されていたりして。

S：最後まで読んでいただいていることがわかっている先生に宛てた所見だと，「まとめ」を最後に書けますよね。でも，どう読むかわからない先生や，複数の先生宛ての所見のときには，最初の一番目につきやすいところに書く，とかにしているかな。

M：ドクターによっては，「まとめはどこ？」とか言われることがありますね。最後に書いていれば，一応最後までは紙面をめくってくれるので，いっぱい書いているっていうのが伝わるかなと思っています。

S：最近は電子カルテのことも多いので，最初の画面だけ見るドクターも多いかな。

吉村：電子カルテだとね。線も引いてくれないしね。無理だからね。

検査態度のまとめ方

M：検査態度のところも，書くのが難しいと思うんですけど。どこまで書いたらいいか，とか。何を書いたらいいか，とか。……何かコツはありますか？

加藤：検査態度の場合は，心理学的な専門用語ではなく，私がお会いして検査を取った時の実感とかやりとりとか，そういうものを，4行ぐらいでね，描けるっていうところが，一番好き。出てきたテーマについて書くこともあるかもしれないし，やりとりの中の特徴から書くこともあるかもしれないし。私がお会いしたその人っていう感じが，一番実感としてはあるので。

吉村：でもこれが一番，いわゆる記号とか力動的な解釈とかいうことではなくて，臨床の感覚そのままのところだから，一番面白いといえば面白いし，一番難しいといえば難しいですよね。

M：何をどこまで書くか。逆転移とか，どこまで書けばいいのかとか。これをご本人が見る時にどう思うかなとか，考えちゃいますね。

S：私の勤務していた病院では，カルテ開示を考えて書くようにって，電子カルテになる時に言われました。

M：書くこともあるけど，どこまでどう書いたらいいかが難しいですよね。

加藤：私の場合は，ご本人がお読みになるかもしれないと思っているから，なるべくご本人の動作とか，ご本人が言った言葉とか，観察とか，行動とか，それに基づいた描写だと，まあ，読み込みが違うとは言えないと思うんだけども。そういうふうに気を付けているんですけどね。どちらかといえば。

R：やっぱり，相手が読む可能性があるっていう意識があるのとないのとでは，書き方も変わってきますよね。配慮がね。やっぱり傷つけないようにしようとか，ショックにならないようにしようとか，そういうところが出てきますよね。

吉村：所見はそう，どこで誰が読むか分からないですよね。病院をまたいで，いつの間にか知らないうちにご本人の手に渡っていることもあったし。どこで誰が見るか分からない。

K：そういうことがあったんですか？

吉村：主治医に渡した所見が，知らないうちに，別の病院で患者さんに手渡されてました。

加藤：吉村先生が書かれているこの検査態度っていうのは，やっぱり，実際に検査をしていらっしゃるから，分かりやすいですね。そういうのも，すごくパーソナリティとか，状態像に影響するかな。ここは大事なところですね。

吉村：でも，分かりやすく書くって言うのが難しいと思うんですよ。

加藤：そうね。

吉村：一読して，ちゃんと内容がスーッと入ってきて，ああそういう人なんだ，こういう強さがあって，こういう問題があって，ということがわかるのは，それが基本のはずなんだけど，一番難しいですよね。パーソナリティを考える時に，どこがこの人の中心，大事な部分で，どこがそれに次ぐ部分だっていうのがちゃんと整理されていないと，わかりやすい所見っていうことにはならないかなと思うんですけど。

その人の資質に目を向けて言葉にする

R：あと，わかったらいいなと思うのは，今のところはこの人は，とりあえず，ここで支えられているとか，ここを崩さないようにしようとかね。そういう何だろう。私たちが，ブレずに配慮しなきゃいけないところっていうのが，ちゃんと見えているといいのかなと思います。セラピーをする時に役に立ちますよね。

吉村：そういうのは，加藤先生の所見のなかでは，病態水準の話もそうだし，否認美化……とは言っていないですが，こういう力がありますよっていうことが書いてあって。確かにこの人は，力のある人で，病理だけではないバランスのとれた見立てが書かれているところは，我々が学びたいところですよね。

K：先生の論文に書かれていらっしゃったと思うんですけど，患者さんの良い部分とか，資質のある，豊かな部分っていうのをちゃんと所見に載せてあげないと，っていうところを拝見して，あ，そうだった，そうだったって。やっぱり特徴的なところに着目すると，どうしても問題点になりやすいところばかり書いてしまうので，それだけではなくて，ちゃんと良いところも書いてあげないといけなかったんだったと，ハッと思い知らされました。

加藤：それは，すごく思いましたね。所見を見た看護師さんの感想でね，「悪いところばっかり書いてあって……」って言われたことがあってね。そうでもないんだけど，問題点はそうだったんだけど，とは思うんですけどね。でも，確かに良いところ，自我が健康に使えていたり，適応のためにうまくいっていたりするところを少しは書くようにしないとね。

S：それを見つけることがむずかしい時に，どうしよう……と思ったりします。

R：とりあえず今こうして生きておられるわけですから，この方の中に何かそういった力があるわけですよね。「この人，このような過酷な状況下でどうやって生きてこられたのだろう」，「何に支えてこられたのだろう」みたいなところ，それがその人のリソース（資源・資質）だろうから，そこをやっぱり言語化して，行き当たりばったりではなく，意識して使えるその人の武器としていけたらいいかなあと。

加藤：それは，心理検査結果の伝え方というところでお書きしましたが，これは，馬場先生が何かの時にお話なさったことの引用ですが，フィードバックの伝え方には，とりあえず本人が自覚できてないところを私たちが言うので，どれだけ優しくその人を表現できるかとか，どうやって自分を守っているのかについてのやり方を詳しく伝えていくとか，そうせざるを得ない気持ちとか，そのやり方について伝えるとか，どう困っていて，そこを救うのにどうしているかとか，その人の側に立って説明をするって言うふうにすると，傷つかないし，いいんじゃないかと言われていますね。

M：それは，ご本人用の所見のときだけじゃなくて，医療者向けに書く所見のときにも，そう書いた方がいいんですか？

加藤：いやいや，それはやはり，ご本人向けっていうことですよね。ご本人にフィードバックする時ですね。

M：普段はそこまで配慮しないで書いちゃってるなあと思って。

加藤：それはそうですよね。

R：あとはご本人，当事者ってすごいなんかこう，自分が「できて当たり前」と思っているところは，全然自信につながっていなかったり，自分の強みだとは思っていなかったりしますよね。意識にものぼっていなかったりして，本当にスルーされているので，そのあたりのところをあえてご本人が意識化できるように「そこはあなたの強みだよね」っていうふうにフィードバックできるといいなあって思ったりしますけどね。

加藤：優しさです。

吉村：ほんと，そうですよね。

R：全然ご自分は自覚していない，「そんなのみんなできていますよね」とか言ってしまうようなところを，ちゃんと言葉にして返す。すごい大切かな，と思います。やっぱりご本人も，悪いところばかりが目について，時として過剰に気にしてしまったり，自信をなくしていくばかりになりやすいですよね。

S：ご本人は困っていなくて，むしろ自信がありすぎる時にも……困りますけどね。

R：自信っていうか，当たり前に，自然にその人がやれていることに意識を向けてもらうという。何気なく無意識に出来ていることって，すごいパワーじゃないですか。

S：できるところに目を向けてフォーカスしていくことは，優しい視点だし，大事ですけど，ご本人には問題意識がなくて，周りの人が問題を感じて受診した人の検査の場合は，ご本人がどれだけ問題意識に近づいて行けるかってのも重要ですよね。

R：つまり，全体のバランスですよね。その人のプラスと思っている部分であっても，客観的に，社会的に，誤って突飛している場合，それは全く強みにも何もなっていないわけですよね。オーバーユーズ（過剰使用）になっているんだから。むしろ弱みになってしまってるところが残念なわけで。

S：でも，そこをあまり削ぎ過ぎると大変だし。

R：バランスですよね。

専門用語をどこまで使うか

吉村：今のようなあたりの話は，大分応用編じゃないですか。患者さんや現場に合わせて，所見の書き方とか，フィードバックの仕方を変えるのも大切なことだと思いますが。所見の話に戻ると，加藤先生が書いてくださっている所見は，別にそういう現場を意識してっていうのではなくて，主治医に向けてですけど，これは，でも，患者さんが読んでも問題ないと思うんですよね。専門用語があるところはわからない，というだけで。なにか読んでこう，ひどく傷つくとか立腹するとかということではないと思うんですよね。難しいことだけれども，本当は患者さんが読んでも問題がないような所見で主治医にお返しをしていく，というのを基本にして，かつ全体的に，いいところも問題点も等分に書いていく。で，現場によっては，いいところを減らさないといけないとか，書き方を工夫しないといけないところはあるのかもしれないですけどね。結局，所見も，患者さんに伝えることも，臨床の解釈と同じだと思うので，相手によって変えなくちゃいけないのはもちろんそうなんだけど，その前に，解釈自体の妥当性とバランスを考えるってことをまずおさえる。そういういう意味では，この加藤先生の所見は，すごく教科書になると思います。

M：結構，主治医の先生が，所見に書いてある言葉をそのままご本人にフィードバックしたりするんですよね。所見の内容をかみ砕いで，というのではなくて，「エーと，まとめのところを少し読んでみますと……」みたいな感じで。そういう意味では，そのまま読んでも大丈夫なように，まとめの文章は私もちょっと配慮して書いています。以前，検査をした患者さんから，「主治医の先生からフィードバックを受けたけど，パラノイックだって言われましたけど，パラノイックってなんですか？」って言われたことがあって。パラノイックって言葉で伝えたのか，と思いました。それを，「結びつけて考えやすいところがあるってことじゃないか」と説明したら，「あ，だったら分かる」と言われたことがあります。所見のまとめの部分では，あまり「パラノイックな傾向」とかの言葉は使わないようにして，特にまとめのところはそのまま読まれることもあるんだ，と考えて書かないと，むずかしいですよね。

吉村：そういう意味では，専門用語をどこまで使って書くかとか，でもやっぱり日常用語で記述をしたいとか，バランスですよね。

R：だから，書き手の私たちが，個人の問題や病理のみにフォーカスして，「この人はこうだからこうだ」というのではなく，やっぱり公平にバランスよく，両方出せるようにするという安定感って，すごい大切かな，と思うのと，やっぱりその専門用語のもつ言葉のパワーというか，専門用語ってものすごい強烈で。後から言葉だけ切り取って，クライエントさんがインターネットで調べて，「わ，こんなこと書かれた」と思うこともあるから。やっぱりなんかこう，時として言葉というのは，すごい強烈なインパクトがあって，それだけ切り取られる可能性もあるんだ，と考えたときに，それだけやっぱり慎重に使うようになるし。なるべく簡単でわかりやすい，こっちが伝えたいような形で伝わるといいな，と思うんですけどね。かみ砕くっていうのは，すごいむずかしいですよね。

K：病院のスタイルにもよると思うですけど，Mさんがおっしゃっていたのは，主治医からフィードバックする場合のことですけど，検査の担当者からフィードバックする場合もあって，やっぱり病院によって違うんじゃないかと思うんですけど。テスターがフィードバックするのであれば，わりとこう，どうにでもなるというか。その人に対してよりわかりやすい言葉で，その人の日常生活により合ったような例を使いながら結果をお返しすることはできるけれど，主治医から結果を返す場合は，やっぱりまとめの書き方とかに気をつけないといけないんだなと思いますね。

R：またね，主治医が結果を読んで聞かせる，というのも，様々なバイアスがかかって独特の誤解が生まれそうな気がするし。

M：私，最近は，研修医の先生とかいらっしゃると，まとめのところに，「〜ことも考えられます」「〜なところもあるのではないでしょうか」という書き方にして，そのまま読みあげられる文章にした「まとめ」を作ったりします。

S：台本みたいなイメージで，そのまま読める体裁ですね。

本人用の所見とフィードバック

K：話がズレてしまうかもしれないですけど，ご本人にフィードバックするときに，ご本人用に，なにかお渡しするものを作ったりしたことはありますか？

一同：うん，うん。もちろん。

K：それはじゃあ，ありなんですね。文字にして渡してしまうと，逆に刷り込みが入ってしまうのではないかって，かつてなにか教わった記憶があって。患者さんにフィードバックするときに，聞いて納得したけど，やっぱり文字で欲しいと言われる人もいるし。でも，どうしようかな，と迷うところなんですけど。

S：ニーズは高いですね。

K：あるのはすごくあるんですけど，字に起こすことの，なにか，メリットもあると同時に，デメリットもあるというか。

R：ロールシャッハの場合には，無意識の深いところをえぐり出すっていうか，そういうところがあって。それに対して質問紙っていうのはクライエントさん自身が意識できる範囲内の心理検査なので，フィードバック時の反応も「当たってるー」みたいな感じで，「あ，ほんとだ」「確かにそうだな」と受け取りやすいですよね。

S：自記式ですからね。

R：そうそう。でも，ロールシャッハの場合は，「自分では分からないですねぇ」「そうですかねぇ」みたいな反応もあったりして。そうすると，やっぱり，刷り込みとは言わないまでも，書いた内容の方に引っ張られて，「そうなんだ」「そうなんだ」って自分の中で反芻してしまうっていうか。そういった被検者の傾向から，すでにある程度自覚されている，あるいは自覚されやすいところだけ，私はさらっと無難に返すというか。被検者が受け取れるだけを切り取って。そうじゃないと，受け取れなかったら意味がないですから。そのあたりのところは，ちょっと配慮しているかな。

M：かなり表面的で平易で，どうとでもとれるようなことを書いたりします。で，最終的にお渡しする時に，「これは今の状態だから」と言い添えたりしますね。

K：患者さんに，あんまり無難なところばかりをフィードバックすると，あんなに大変な思いして，2時間かけたのに，これだけですか？みたいに言われることもありますが。(笑)

R：そうそう。だから私は，TEG（東大式エゴグラム）とかを使って，「ここを上げていこう」みたいな感じでフィードバックしますね。TEGの解説を分厚い冊子みたいにして，付録みたいにして，お渡ししていましたけど。「Aを上げていこう」なんてね。

K：そうなのね。ロールシャッハではなくて，別の検査でフィードバックのボリューム上げていくのね。わかりやすいところで，そのひとに入りやすいところを使って。

S：加藤先生が書いてくださった所見で，反応内容とかカードとか，そこから見られたこと，とか書かれているじゃないですか。どこまで書くのかもむずかしいなと思っていて。電子カルテだと，気がつかないうちにプリントアウトされてご本人に渡っていることもあって。こういうカードでは，こういう風にみたらこういう風にいわれるんだなという学習や，次に受けるときの先入観になる可能性もあるかなと思って。具体的にどこまで書くか。専門家同士はそこが知りたい。でも，むずかしいなぁと思います。

M：でも，反応継起はある程度書きますよね。書かないと，なんでこんなことが言えるんですか，ということになる。なんか，思いつきを書いているみたいになってしまうので。

加藤：何か言う時にはね，なるべくその根拠になるものを，ロールシャッハの中から，その反応とかそれに関わったその人の様子とか，その表現の仕方とか，それによってこういうふうに考えるっていうように，根拠を遡って書いた方がいいですよね。

一同：絶対そう。うんうん。勉強になる。

加藤：それは，臨床現場によっては難しいことかしら？

S：電子カルテになって，載せられる所見が，ものすごくむずかしくなった気がします。さっきの話ではないけれど，あってもなくてもいいじゃない，別にこんな所見，と言われるようなものになってしまった。だったらこんなのいらないんじゃない，占いじゃないんだから，と言われたことがあって。組織のシステムとしてそうなってしまったときに，こういう所見がかける関係性というか，場所があるのは，いいなあって感じますね。

精神科医の要望に応える

加藤：私，最後の方に「精神科医からの要望」というところで，二人の精神科医で臨床心理士からの，心理検査への期待というのを書きましたけど，そこでは，自我の機能の様子とか，対人関係の様子とかをちゃんと書いて欲しいと言われていますね。ご自分も診断に迷ってオーダーを出す訳だから，その病態水準について，神経症水準なのか境界例水準なのか精神病水準なのかは，ちゃんと書いて欲しいと。だから，そういうふうに書いて欲しいという要望はあるわね。それは，ドクター側からの要望とするとその通りですよね。

R：私の勤務しているクリニックでは，病態水準と防衛機制を特定してほしいっていうオーダーですね。基本的には。

加藤：すごい！　オーダーの仕方が違うわね。

K：そこのドクターは，長い所見もすごい読んでくれますよね。たくさん書くのは逆に，すごいよかったって言われたりね。

S：そういうのは，書きやすいよね。

K：さっきみたいな，Ａ４一枚にまとめてほしいって言われる方が，かえってむずかしくて。

R：むしろ，だらだら書いてくれたほうがいいって？

K：そうそう。頭の整理にいいって言われていました。

S：私のところは，自我の機能とか防衛機制という言葉が共通言語じゃない先生もいらっしゃるので，それとは大分違うよね。

M：精神分析的な理解を持っていない先生に，力動的な所見を出す時の難しさって，ありますね。

S：自我とは，というところから始まる

M：防衛とは，とか。ところで，統合失調症かどうか書いてないんだけど，と言われたり。

S：病態って，病名と違うの？とか。オーガニゼーションとか。

M：BPO（境界パーソナリティ構造 borderline personality organization）ってなに？　PPO（精神病性パーソナリティ構造 psychotic personality organization）ってなに？　そこからだと，むずかしいですよね。

S：そこの共通言語をどこまで持てているかどうかですが。全くない，ということを前提に書く現場はたくさんありますね。

加藤：吉村先生の所見は，あまり力動的な内容には偏らずに，認知の様子とか，知力の様子とか，だれが読んでも分かるような形で書かれていますね。

吉村：なるべくそうしたいな，という形で書いてはいるんですけど。むずかしいですね。

加藤：それでいて，不安，傷つきがあって，不安がこんな風になっているっていうのがちゃんと描写されているから，それがやっぱり臨床の要請にあっていると思います。

所見にデータを載せる意義

M：あと，所見で気になっていたのは，スコアの特徴のところで。先生方は，スコアのデータを所見に載せていますよね。スコアのデータは載せた方がいいんですか？という基本的な質問なんですけど。加藤先生のも，吉村さんのも，載せていますよね。

吉村：僕はいつも載せている。

加藤：載せた方がいいと思う。

K：私は紙面の関係で載せてない。

M：こういうの，迷うんじゃないかと思って。私は載せる場合と載せない場合があって，臨床心理士からのオーダーの時は載せる。ドクターのオーダーの時は載せない。載せても分からないだろうなと思って。

吉村：わからない，わかるに関係なく，載せたいです。

加藤：資料だから。

吉村：そう。わかるかどうかに関係なく，根拠としてこういうものがあるんだということを示すことに意味があるのであって。もちろん，わかってくれたらそれにこしたことはないし，嬉しいですけど。

加藤：わからないと思うから，そのスコアについての解説をつける。ここがそう，その部分。読み取りって言うかしら。

R：へー，こうやってデータに出すんだ，ぐらいの理解でもいいかという感じはありますよね。

K：私は，サマリースコアリングテーブルとかって，大体添付資料みたいな感じにしちゃいます。見たい人は見てね，みたいな感じで。

M：短くしようって方向だとね，載せられないよね，量的に。

吉村：それは仕方がないよね。

R：よく言われるのが，何を根拠に，って言われますよね。だから，やっぱり根拠の提出はすごい大事だな，と思います。特に心の領域って，ほんとうに見えない世界を相手にしているだけに，「何を根拠にそういうことをあなたたちは言うんだ」ってね。そういうことを簡単に言われてしまう。

吉村：テストのオーダーが出ている時点で，根拠が欲しいんだと思うんです。自分の臨床感覚だけでは自信が持てなかったり，根拠が欲しいと思ったときに，テストというツールを通して言って欲しいということだから，そのツールを通して，解釈の根拠を示した方が，姿勢としてはやっぱり妥当なのかなと思います。

M：文章の中には入れますよね。反応数が何個なので，生産性が高いとか，文章の中に入れているんで，こういう，表として入れた方がいいのかどうかと思っていて。解説のほうしか私はあんまり載せないんですけど。

加藤：紙面に余裕がなければだめかもしれないけど。私，前はテスト態度があって，すぐに所見に入っていたんですよね。でも，面接をしている患者さんのテストを取らせていただいて，後で事例報告することになった時に，ちゃんとスコアが出ているケースだとわかりやすいし報告できると言われたことがあって，なるほどなとわかって，それからつけるようにしました。

M：臨床心理士が所見を読む可能性があることもありますよね。私は臨床心理士が読む可能性がある時はローデータまでつけたりします。

R：欲しい時ありますもんね。もらう側としてはね。ローデータ。

S：ロールシャッハもそうですが，WAIS-III もプロフィールだけを欲しいわけではなくて，実は中の流れも見たいことがあって，詳細をいただくこともありましたね。

加藤：こんなに下がっているものが何なのかっていうのを見てみると，特徴が見えてきたりね。

S：たくさん話しているのに失点しているのか，発語は少ないのか，とかもわかりますし。

吉村：特に包括システムだからかもしれないですけど，包括は記号が多いんですよ。山のようにあって。で，今回の所見の解釈でも使っていない記号っていっぱいあって。いわゆる期待値の範囲を越えていて，その人の特徴として結果には出ているけれど，所見に盛り込まれていない記号もわりといっぱいあるんですよ。

加藤：この人は，さまざまな不安や衝動が適応的な範囲にまで回復したり，表現していくなかでおさまっているのよね。

吉村：わりとこの人おさまっていますけど。えーと，要はだから，まとめようとした時に，大事だと思って，私が恣意的にピックアップしている部分でもあると思うんですよね。そうすると，確かにドクターはどれが重要かっていうことは記号を見ても分からないんだけど，極端なことを言えば，裁判の時に，ピックアップしたデータと，ピックアップしていないデータというのがちゃんと残っていて，テスターはこういう所からこういう所を抜き取って，つまりこれは残っていたよねっていう証拠を示しておくことも大事だと思うんですよね。それはあの，外から見た時に，やっぱり吉村の解釈は恣意的で，大事なところが漏れてるじゃないかというふうに批判を浴びるかもしれないけど，批判を浴びることも含めて，ちゃんとデータを示しておくことが必要で，全部一応出すっていうことかなって思うんだけども。何も分からないで隠されたままで必要なところだけ出すと，やっぱり全体が見えないと，余計な邪推も含まれやすいし……，と思っちゃうんですよね。とにかくデータ出しておけば，後で改ざんされる疑問もないし。時々裁判でそういうことを聞きますけど。

加藤：APA（アメリカ心理学会）の倫理規定はそうですよね。ちゃんと根拠が推奨できるものを出すように，と書かれている。

吉村：表を出す，あるいは，データのプロトコルを出すということは，全部を出すということなので，その中の，調べて行けばどこを出して，どこを出さなかったのかということまで分かるから，調べようによっては，本当に全部が開示されているものを作っておいた方が，より安全かなっていう。

M：なるほどね。多分，私は継起分析に重きを置いていて，片口のスコアにはそれほど重きを置いてないので，まとめくらいでいいかなという感じで捉えているんだと思います。そこまで，別に隠しているつもりも全くないですし。

吉村：もちろん。

M：出してもわからないでしょう，くらいの感じで，邪魔だよね～って。じゃあ，載せるのはやめておきますね，くらいに考えていますね。

S：文章のなかでわりと説明できるところもあって。片口でもその，サマリーのところを順に見ていきますけど，結局，そんなに書き残しているようなこともなくて。それでこういう一覧表は所見に全然つけていないんだなあ，と思います。

吉村：あとはね，ドクターによってはデータを載せると興味を持ってくれる時があるんですよね。ああ，こういうものを使っているんだとか，ああ，こんなにたくさん記号があるんだとか，我々の仕事に関心を持ってくれて，話がはずむことがある。なんか，お互いが協働関係になるっていうのかな。コラボレートみたいな関係になるきっかけになるといいな，みたいに思っているところもありますね。

M：それはいいことですね。そういう風になれると。

いい所見とは?

吉村：あと，今出てない話題は，「いい所見って何か？」っていうことがあるかな。どうですか。役に立つ所見とか，いい所見。

R：クライエントさんの益になる所見。

M：それは，やっぱり鑑別診断だったら鑑別ができていることじゃないですか。目的に応じて。

一同：うん，うん，うん。

加藤：読み取りの能力。検査から読み取れるものがちゃんと読み取れていないと，その先の作業は正しく進んでいかないと思う。何を読み取るのか，というと，やっぱりその人の自我機能全体を統合して理解する力がつかないとなかなか書けない。

S：カラーショックがありました，だけ書いて終わってる所見とか。だからどうなのか？　データの断片だけになってしまうことがありますよね。……包括でもそうじゃないですか？

吉村：包括システム“こそ”の危険もあるかもしれない。しっかりした教科書のマニュアルが用意されてて，この数値だったらこの解釈ってなってる。マニュアルそのままに所見を書いてる人がいるかもしれない。記号を使いこなしきれずに，マニュアルに書かれていること以外，何も考えられないのは怖いですけど。

S：そうすると，あの，多重人格みたいな人になっちゃうこともあったりしますよね。

M：解釈が切り貼りになっちゃうのよね。

吉村：包括でも，ほんとにそのまま，切り貼りの所見を見たことがあるんですよね……。

R：今の状態がこういう状態だということが分かりました。じゃあ，そういうその人にどういうケアが必要なのか，というところまで書けるといいですよね。私たちは何ができるのか，どういうことが必要なのか。

吉村：それが分かるためには，統合的なその人像が見えていることが大前提になりますね。それが見えてないと，今後の指針とか治療方針は書きようがないですよね。

R：うん，うん。

S：その人の病理も，健康度も，使えている資源も，使えていない資源も，全体が見えてないと。どこの軸足の病態の人なのかというのも見えてないと書けませんよね。

R：バランスよくね。

吉村：それが見えるようになることが，また大変なんだけど。

S：私だって，むずかしい（苦笑）。

吉村：そう，そう。

S：一言で，この人はどんな人だろうって，いつも自問自答しながら所見を書いてるんですけど，この人はどんな人？というのがむずかしいなと思います。……それは，依頼者の要請に応じて，病態水準の話であったり，パーソナリティの傾向だったりもするし，退行の度合いだったりもするし。

T：所見書いている途中に主治医の先生と向かい合って話していると，すごく分かった気がするのに，それを紙に書こうとすると書けない，みたいな（笑）。質問されると答えられるし，それはこういうところからです，と言えても，じゃぁ，それをみんなが見る紙にまとめようとなると，何を選んだらいいかむずかしいですね。

どんなふうに考えて書いているの？

M：今回の先生方の所見って，テーマがあるじゃないですか。このテーマの設定が難しい。私はその，ロールシャッハの特徴は書けるんです。思考障害がありますとか。情動に対してこうですとか，M反応がこんなでしたとか。特徴的なところは書けるけど，こういう形にまとめていく時には，先生方は何段階かの作業をされているのではないかと思うんですよね。……まず，初心者はスコアから片口の本を読んで書いてあることを引っぱって，外向型ですとか内向型ですとか。人間関係がどうですとか。R＋％がこうだからこうです，みたいに書くのが第一段階。それで，もうちょっと継起分析ができるようになると，プロトコルの中で見られる思考障害のあり方とか，カラーの刺激に対してどんな動きがあるだとか，防衛がどうだとか，その特徴は書けるようになる。そのときの最初の枠組みとして，認知の問題とか，思考過程の問題とか，情動の問題とか，防衛の問題とか，対人関係の問題とか。分けると書けるんだけど，先生方はその軸ではない軸で書いていらっしゃるじゃないですか。この段階にいくには，どうしているんですか？

加藤：この人についての理解は，基本，お仕事もしているし，お会いしていても検査していても礼節があるし。でも葛藤があって，その葛藤が，ちょっと婚約者に何か言われると身体が固まってしまうということが問題ではあるけれども，まぁ，全体的には神経症の枠組みの中におさまっている人。ちょっとそういう時にはスプリッティングが起こるかもしれないけど。そういう枠をもって，吉村先生は，まず書いているでしょう？

吉村：そうですね……。

加藤：私もそこから出発しています。でもロールシャッハの中では，この人は何かこう，カラーとか，シェーディングでの衝動の出方は，コントロールがすごく悪い人ですよね。その程度はやっぱりボーダーライン，中核群の脆さを内包していると思っていて，書き始める，というようになる。人によっては，退行時には思考障害様の混乱も少しあって，またこの思考障害の様子からいくと，サイコティックな水準の自我の展開がある人なんだなって思って全体をまとめて，いい所も悪い所も書いてみると。そういうふうになるんじゃないかと思うんですけど。そうでもないかしら。

吉村：えっと，そうだと思います。私は，この人に限らず，所見を書く時にどういうふうに考えているかなって今考えていたんですけど。まず，スコアリングをしますよね。スコアリングしている時に，反応を読んでいるので，その段階で，ラフスケッチみたいな継起分析みたいなのを何となく頭の中に入れている。次に何をするかというと，構造一覧表，片口法で言うところのサマリースコアリングテーブルの記号をみるんです。基準値から外れている記号に，矢印で↑とか↓とか書いているんですね。で，それぞれの記号を全体で見た時に，この記号から見える解釈仮説とこの記号の解釈仮説が似ているなぁとか，違うなぁとか，考えていくんですよね。たくさんの記号の集まった表の中に解釈仮説を直接書いていくことになるわけですけど。こういう人だ，こういう人だ，という感じで。そうすると，いろんな解釈仮説が繋がっていて，ここところがまとまって，ここところがまとまっている，みたいに，下から次第に積み上げていくようになる。そうすると，自然に3つ4つの大きな塊になるんです。クラスターみたいに。で，それを見ながら，でもやっぱりシークエンスが頭にあるので，この人は神経症でヒステリーなんだよな，その人の中でのこの3つのまとまりってどうなのかな，っていうことを考えていくと，例えば，3つ，4つ，5つの見出しができて。そういうふうにやっているんだと思います。考え方の順序として，頭の使い方は，そんな感じです。一つひとつの記号，数値を似たような意味のまとまりで集めていく。作業のやり方としては，KJ法に似ているのかもしれない。

S：見出しが作られていく感じね。

吉村：その前にシークエンスをみているのも，見出しを作る上で大事です。

S：ちょっとした小見出しがあるんですかね？

吉村：大きな見出しがある。「神経症，ヒステリー」なんじゃないかっていう大きな見出しがあって，で，データを見ていって。3つ，4つのクラスターあったら，でもさっきの大見出しは，ざっくりだったので，もう一度シークエンスを丁寧にみて継起分析をやって，調整して，書くという感じ。要するに，反応の記号を考えながら，まずは大まかにシークエンスで見ていて，さらに記号の解釈からボトムアップで見出しがいくつか作られて，最後にもう一度ちゃんとしたシークエンスアナリシスやって。順序としてはそうなるけれど，頭の中ではボトムアップ的に見出しを作る作業とシークエンスで見る作業とを行ったり来たりしながら，所見を書くイメージかな。

M：三段階ね。

吉村：三段階ですね。特に，記号だけで解釈するのは，僕は危険だと思っていて，反応と照らし合わせる作業は必要だと思うし。逆に，反応だけでも危険だと思うので。いったりきたりが必要なんじゃないかなぁと思うんですよね。

S：記号っていうのは，まず当たりをつけるだけですもんね。最初に，当たりをつけてっていうか。

M：記号をつけてびっくりすることもありますよね。「あれ？　Ｆばっかりだった」とか。「FMばっかりだった」とか。

加藤：片口法でも，サマリースコアリングテーブルの全体をまず眺めて，標準からどれだけ外れているのか，特徴があるとか，ここはそうなのにどうしてここはこうなんだとか，それを考えて，それの中身を追っていこう，というのが解釈の作業になりますよね。思いながらまとめていく。

吉村：見出しがまとまっていく中で，あの，これもコラムに書いたことなんですけど，大切にしたいのは，対話することなんです。ロールシャッハのデータと対話する。さっきＭさんが言ってくれたみたいに。でもなんで驚いたんだろうか？ということを，ロールシャッハはデータから考えるんですよね。たとえば，記号をつけてみたらＦばかりなのに，なんで私はテストを実施しているときにはそう思わなったんだろう。どうしてそんな矛盾が起こったんだろう。ということを考えて，プロトコルとか記号とかを追って，だいたい矛盾とか驚きの部分にその人の説明を豊かにするカギがあると思っていますね。

S：こんなに言葉で説明していながら中身は乏しかったな，とか。

吉村：驚きと矛盾が，所見をまとめていく上ですごく役立つんだと思います。

M：逆転移ですね。

吉村：そうだよね……。同じ所見の中なのに，こっちでは「依存に対して用心深い」って書いてあるのに，こっちでは「ものすごく甘えん坊」って出ていると，どうするのよ？ってなる。そういうのも，学生は並列するんだけど，それがいったいこの人の中ではどう解決されているのか，とか，どのようにおさまっているのか考えようとすると，それ以外の反応や記号を参照せざるをえなくなって，それがこう，この人の中ではこういう仕組みだったんだ，とわかると，それが一つの見出しになるんですよね。それはたぶん，下位概念がひとつの上位概念に繋がった瞬間なので，こうやって見出しが僕の頭の中で生まれる。

M：解釈が生まれる過程ですね。

R：あと，ロールシャッハで面白いと思うのは，なんかすごいマイナス反応がバンと出た時に，そこから回復していくプロセスが，凝縮してそのカードの中で現れてくる。それを目の当たりにした時に「この人ってこうやって浮き上がっていくんだ！」みたいに思いますね。その人の問題解決のプロセスっていうか，その辺のところがロールシャッハというテストの中で出てくるのが面白いなぁ。それは何か，継起分析をやっていて意味を感じるというか。だから，マイナス出ると興味津々で眺めていますね。

所見がまとまらない場合は？

M：病理の部分とパーソナリティの部分が混ざる場合というか，統合失調症だと所見は書きやすいんだけど，統合失調症ではないけれども少しだけ思考障害がある，少しだけバウンダリーの混乱がある，作話結合の奇妙なのが少しだけあるとか，それでも知的に何とか説明しきって合理づけしてしまうとか。そんなふうに，実際の思考障害が少しだけ混ざっていて，パーソナリティ傾向もみえるのだけど，病理もちょっと見える，という時に，どちらの軸で書いたらいいのかわからなくなる時がありますが。そういうのって，どうしたらいいでしょうか？

加藤：難しいところですよね。それがでも，どちらとも言い難くて。こんな特徴もあるし，こんな弱さもあるし，だけど，すっかり病気とも言い切れない，とかね。そういう状態というのは，一番難しいですよね。テストからは，BPDとも言い切れないし，統合失調症の妄想型とも言えないけれども，少なくともロールシャッハには，こういう作話結合が一過性に出てきたから，臨床的にはちょっとそういう状態があるかもしれない。そういうものを適切に表現できることが，腕があがるということなんだろうと思います。

M：所見が長くなってしまっても，いいんですかね……。

加藤：でもそれは，検査をすれば皆分類できるもんでもないから，仕方がないんじゃないですかね。

M：私の能力不足ではない？

加藤：自我機能の有り様を，そのまま描写できれば。

M：初心者は特に，統合失調症と言い切れない微妙な人の所見が書けない，と言うひとが多いですかね。まぁ，統合失調症だとわかりやすくていいんだけど。このむずかしい状態は，どうしたらいいかわからない，自分がわかんないだけなんだろうかと思ったり，迷いがうまれますね。

R：まとまらないのか，そういうまとまってない人なのか，ですね。

加藤：一番腕があがった状態というのは，そういうものがそれなりに表現できる，描写できる，そうなったらいいんじゃないかな。

R：それこそが，その人の生きづらさだったりするわけですよね。

加藤：その通りね。でも，オーダーを出す側も決めかねているのよね。きっと。

S：初学者の頃は，検査の要請に応じようとして，どちらか決めなきゃいけないとか，答えなきゃいけないと思って，頑張っちゃうと思うんですよね。何か言わなきゃっていう気持ちで。でも，ここのデータから言えないことまで言っちゃだめだよ，と思うんですが。

一同：うん，うん，うん，うん。

R：やりすぎてしまう。作っているのでは？　みたいな。

S：このデータだけでそこまでは言えないよ？ということを言い過ぎてしまうのと，検査の要請に答えるっていうことは，別問題なんだって，伝わってほしいですね。

加藤：馬場先生がよく言われる。「ここから先はわからないんだよ，ということが，わかればいいんだよ」と。

一同：深い……。

吉村：ここから先は分からない，ということが分かるためには，相当考えなさいってことですよね。

加藤：これ以上はわからない，というところまで，考えて，学ばないとね。ここは，大切なポイントですよね。

先輩の所見から学ぶ

吉村：他人の所見をみる機会があるというのは，勉強になりますよね。

M：加藤先生の所見をはじめて拝見した時に，感動しました。

吉村：僕も感動しました。十年以上前。

M：あああぁ，こんな風に書くんだー。私は今まで何を書いてたんだろう……，みたいな。

加藤：その頃，きっといいこと書いていたのね。

一同：素晴らしかったです。

K：以前勤めていたクリニックにはいろんな心理の先生がいたので，いろんな方の所見が見ることができたんですが，それってすごくいいですよね。

R：すごい勉強になる。

S：私の病院にも，何十年分の所見があります。

加藤：あれは，でも一番勉強になるわよね。馬場先生の所見も感動しましたね。他の報告者が，それこそ，情緒刺激が強まると不安定になります，という文章がたくさんある中で，それを読んだだけでその人のことが理解できるようなヒントがつまっているのね。

一同：読みたーい。

他業種の人の感想から学ぶ

吉村：あと，他業種の人の感想も，すごく役に立ちますね。

S：看護師さんとかワーカーさんとか。実際に，患者さんと接していく時に，なにかヒントはないかと思って読んでくれたりするので。

加藤：ある時，外科からの依頼で検査をして，検査結果は，ヒステリーによる症状ではないか，と報告書を提出したんですけど，たまたまその日の帰りにバス停でその外科のドクターにお会いしたら，「いまだにヒステリーなんてあるの？」と話しかけられたことがありましたね。

M：全く力動的なところとは無縁な人に伝わる所見って，むずかしいですよね。他科の先生と一緒にやっている場合は，難しいですね。

吉村：そういうところで聞いておくって，自分にとってすごく肥しになりますよね。すごく勉強になると思う。某ドクターが言っているのを聞いたことがあるんですが，「情緒刺激に触れて統制が崩れる」っていう所見に対して，「統制が崩れない人なんて世の中にいるの？」って。その通りなんですよね。何の意味もない所見になってしまう。

S：どんな反応をして，どんな崩れ方と，どんな立て直しをするのか。

M：私，一番最初の頃に書いた所見で，「不安が強い」って書いたら，職場の先輩に，「患者さんは全員，不安が強いよね」って言われて。どういう場面でどれくらい強いのか，それでどうなるのかを書かないと意味がないんだよって言われて。そうだなぁーと思いました。

加藤：他業種の人の意見を聞くことで，自分の中で，当たり前になっていることを，もう一息，客観化して見直してみる。整理し直してみることは，とても大切ね。

検査をとってから所見を書くまでに時間をおく

S：自分の書いた文章を読み直すって大切ですよね。日本語的に整合性が取れていない文章になっていることがあって。それを一晩たってから読み直すと，違ってみえたりしますよね（笑）。

一同：うん，うん，うん，うん。

吉村：せめて一晩だよね（笑）。できればもっと寝かせたい。

S：寝かせる。出来立てほやほやの所見は，勢いに任せている部分もあるので。

吉村：ちょっといいこと書いたぞー，とかね（笑）。

S：一瞬冷静になるというか，自分の出したものとちょっと距離を置く。折を見て，もう一回みる作業をする。

M：所見を書く時にも，検査をとってすぐに書かないで，検査をとって，しばらく寝かせてから書きますね。

吉村：そうそう。それはある。

加藤：それはある。とった直後の感じと，違うのよね。

M：そのときの逆転移とは違うんですよね。あれはなんですかね。熟成させると違うっていうのがありますよね。

吉村：熟成（笑）。

S：私は，とりあえず，プロトコルとスコアリングまでは全部終了させておいてね。

加藤：そういう時期あったわ。

M：あ，そうですか？　今は，先生，違うんですか？

加藤：今はもう……，書くと決めたら書いてしまう。

吉村：本当，解釈レポート書くのって，時間かかる。

M：あ，みんなそうなの？

一同：かかる，かかる。

吉村：手がけるまでに，タイムラグが。

S：特に複数の検査をとっている時は，なるべく最初の方にロールシャッハをとって，WAIS-III とかは後回しにして。そういう意味では少し時間をおけるようにしているかな。

吉村：置いているっていうか，考えている。

S：そうですね。たぶん，考えている。

M：無意識がね。

S：考えながら，他の検査もとって，追試しているような感じなのかな？

K：発酵させている（笑）。

M：あと所見も書くことに行き詰まったら，途中で止めますよね。

吉村：所見が一日で書きあがるってことは，まずないですね。

R：ない，ない。

M：何時間後に患者さんが来るとか，明日の朝一番の外来にくるとかってなると，2～3時間で書けますけど（笑）。

吉村：書けるけど，基本ね，何回かに分けて書いているよね。

所見を書くのに何時間くらいかかる？

M：あ，所見を書く時間について聞きたいです！　あの，私が聞いた中で一番長かった人は，10時間から20時間かけているって言ってた人がいましたけど。

S：それは不経済だわ。

吉村：それは……。スコアリングも含めて？

R：私はそれぐらいかかります。

加藤：それぐらいかかることもあるわよね。

M：先生方はどのくらいの時間で書いてますか？

吉村：10か20か……

M：えー！　えー！

R：私もそれぐらいかかっている。すごいかかる。

M：えー！　えー！　私は……，2～3時間かな……。

S：2～3時間……。

吉村：スコアリングとか全部入れたら？

S：スコアリングも入れたら，もう少しかかってるかな……。

吉村：時間をカウントするのはすごく難しい。寝かしている間も考えている。でも，それをカウントするのは，ちょっと違う気もするかな。

M：加藤先生も，10時間とか20時間とかかけて書いていますか？

加藤：そういう時もありましたね。

M：あ，昔は。今はどうですか？

加藤：今はもう，現実が押し寄せてくるから，とったらば，えっと……スコアリングまで入れてしまって，そのあとは……，そう，来週くるとか，明日くるとか，差し迫ったところで。でも，2～3時間かかっちゃうかな？　やっぱり。ワープロを打つのが遅いし。

R：すごーい。……私は，テープ起こしからするから，すごい時間かかります。

S：私は，テープに録音しないですね。……聞き逃したのは，そういう運命だったと思うことにしています。

吉村：テープ起こしてスコアリングしたら，それだけで2時間ぐらいかかっちゃうもんね。

M：長い人だとね。短い人だと，ほら，反応数10個とか。

S：あ，10個とかもあるよね。片口法では10個以下とかもありうるので。

吉村：記号に置き換えるのにだいぶ時間がかかるよね。

R：下手に録音すると，なんかね，そのまま取り出さなきゃっていう，ね。てんてんてん，とか。聞き逃しちゃったら何回も巻き戻したりして。

M：これは，若手のテスターにはいいアイデアですよね。テープ起こしをして，やってみるっていう経験。

S：私はしたことないです。

M：私もしたことないけど（笑）。

K：私もしたことないです。

T：私は，最初の頃は，していました。

M：ふーん。どうしてやめたんですか？

S：面倒くさくなったの？

T：ふふふ，うーんと，書くのが少し慣れてきたのと，あとは，テープを起こすのがちょっと大変になって……。

S：テープ起こししてやっていると，だんだん追いつかなくなるしね。あと，その場で書いていると，独自の記号ができていきますよね。速記じゃないけど。

K：うん，うん，うん。

吉村：それはある程度はね。

熟練までの過程・勉強の仕方

加藤：3年目の頃に勤めていた病院で，遠慮なく仰る先生がいてね，「君の報告書は……モザイクみたいだね」って（笑）。やっぱりその，断片的に，解釈仮説とか，いろんな思いついたものをただ書いていたのか……，なんとなくそれらしいことは書いてあるんだけれども，まとまりが悪いっていうかしらね。そういう風に言われたこともあるし。それから，10年以上して勤務した病院では，「すごくいいね」と言われて，それを臨床に使ってくださることもあるけども，「なんかピンとこない時もあって，ムラがあるね！」と言われましたね。だから，そろっていつも同じくらいの水準で書けるようになるのは，私の場合，結構時間かかりましたね。それとか，前に出した報告書を読むとね，昔はずいぶん私ちゃんと書いてたなって思うこともありますね。

K：昔の方が，なんか，知ったかぶったようなことを書いてました（笑）。

M：うーん。なんかしっかり書いてあったりね。

R：こんなに言いきって大丈夫か？みたいな。

K：むずかしい言葉も使っていたり。

S：いろんな可能性に想いをめぐらすことができていない頃は，単純に言ってしまっていて，読み返すと，自分を止めたくなります（笑）。十数年ぶりに戻った病院とかで以前の所見を見ると，何とも言えない気分になります（笑）。

M：私は，行ったり来たりして迂遠な訳のわからない，何を言いたいのかよくわからないような所見ですね。はじめの頃の所見は（笑）。

吉村：あの，P先生に聞いたことがあるんですが，高名な精神科医のU先生と一緒に仕事をしていた時に，U先生からとにかくダメ出しをされた。「こんな所見がかえってくるなら，依頼した意味がない」って言われたらしいです。

一同：えええええー。

M：厳しい。

吉村：P先生でも，そうなのかーって。

R：へえええー。

吉村：何度も突き返されて，もう本当に苦しみながら書いて，何度も何度も，次こそ次こそって書き直して。何度目かに，「ようやく読める所見がきました」って受理された時に嬉しかったって聞いたことがあります。

一同：えええー。

加藤：鍛えられていますね。

吉村：相当鍛えられますね。でも，ちょっと，……死にそう（笑）。

加藤：それだけ鍛えてくださる人は，なかなかいないですよね。

S：付き合ってくれていますよね。そういう意味では。

吉村：期待していただいてるってことだしね。でも，実際やられると……折れそう。

K：心折れるー。

加藤：でも，そうやって，感想言ってくださる，読んでくださる，意見をくださる，叱ってくださる，そういう人がいないとね。

S：そうですね。

M：まあ，そうですよね。あの，私もいっぱい，先輩たちにいろいろ言われたり，ドクターに言われたり，「意味わかんない」って言われたりしました。今の職場に来たときに，私は前の病院でも心理検査の仕事をやっていたから，所見は書けているつもりでいたんですけど，2～3年経った時に，「あ，あなたの所見，わかりやすくなった」「昔は恥ずかしかったよな！」って言われて。私は恥ずかしくなかったけど，恥ずかしかった！って言われたことがありました（笑）。

一同：（笑）。

加藤：育てていただいたんですね。

M：加藤先生が今の所見にたどり着くまでの経緯が，もうちょっと知りたいんですが。

吉村：うん。みんな知りたいところです。

加藤：いやいやいや，私ぐらいの所見は誰でもみんな書けると思います。

M：いやいや，先生，若いころと違ってきているわけですよね⁉

加藤：それは，そうですね。

M：それをもうちょっと教えて欲しいです。

加藤：みなさんだって初めての頃よりは，今の方がずっとよくなっているでしょう？

M：そうそう。初めての頃は恥ずかしかったですから（笑）。

一同：（笑）。

S：えー……やっぱりでも，読まれること，ですよね。読んだ先生方の感想を聞くとか。

加藤：そうね。読んでくださって，なんか言ってくださって。あと，検査の後のクライアントの様子や，病状の経過を知ることも，とても勉強になりますよね。退院後の経過と，テスト時の比較も，自我機能のバネの様子がみえて，理解が深まったりするように思います。

人の目に晒す

S：あと，SVとかでも，聞いているだけではなくて，自分なりにどんな形でもいいから文章にして書いていくと，先生からコメントがいただけるじゃないですか。そこでは，滅多打ちにされる感じもあるけれど，それでも，そこが一番勉強になる。だから，読んでもらうこと，感想聞くことが大切ですよね。

吉村：それが一番インパクトあるよね。

S：ありますね。人の所見を読むのも，絶対勉強になるけど。読んでいいなと思っていても，自分でどんどん文章を書いていかないと，いざ自分で書こうと思っても書けるようにならないですよね。

R：うん。うん。

吉村：やって，人の目に晒される。

M：恥ずかしい思いをしながら。

一同：（笑）

吉村：そうだよね。

S：本当にそうだと思います（笑）。

吉村：血を流しながら（笑）。

S：いきなり，完璧になんてできないしね。

R：あとやっぱり，学会発表って，すごい凝縮した勉強になりますね。それこそ「晒す」っていう意味では，すごいことだと思います。ちゃんとしたものを出さなきゃっていう，こちら側のモチベーションも高まるし。先生に見ていただいたり。もう一回自分で読み返してみたりっていう吟味の作業も，何回もしますしね。こういう事例検討会の場所に出すっていうのもそうだと思うけど，こう，人前に晒す機会を持つことは，すごいトレーニングになるんじゃないかなぁって思いますね。

吉村：全身，こう……失血死しそうな。

加藤：そうなの？　そうなの？

吉村：そうですよ。

加藤：なんか，全然らくらく，ちゃんときれいにできてそうに見えるときも？

K：さすがーって見えます。

吉村：輸血を受けながら，やっています（笑）。

加藤：学会発表をしたり，SV を受けたりするのは，振り返りをしたり，考えなおすことになるから，自分の頭が整理されていくことになるし，自分自身の気づきも深まりますよね。文献の読みなおしや調べなおしも，力になるわね。

ロールシャッハの背景にある精神分析理論

加藤：すごくはっきりしていることは，ロールシャッハのスコアとかデータとかだけを読んでいるだけでは，やっぱり駄目なの。やはり，力動的な視点とか，分析的な理論とか，精神療法の解釈とか，そういうことについて学ぶ機会があったので，そういうものからパーソナリティについての理解が，自分の中で……少しずつまとまってきたり，病理についての理解も勉強したり，そういうものが凝縮して，所見が書けるようになるんだと思いますね。

吉村：ロールシャッハの勉強だけだと，できないですよね。

加藤：W，F，A，Pは，いつまでたってもW，F，A，Pなのよ。

S：そうなんですよね。なんのWなの？　なんのFなの？　という，その，中身の動いているものがわかることが大切で。

加藤：そう，そう。

M：世の中に，ロールシャッハだけの専門家は，いないんですかね？

吉村：いや……いるんじゃないんですか？

M：鑑別所の人とかはロールシャッハだけですよね。

加藤：でも，ロールシャッハを読むにあたって，犯罪者が対象かもしれないけども，そういう犯罪に対するいろいろな心理的な理解とか，背景とか，そういうものを，順番に加味しながら理解がすすむ。人物理解ってところについては，同じではないかしら。

S：いろんな理論だったり，系統的な理解とか，心理的な知識とか，精神病理についても，ある程度の知識とか，お勉強は必要ですよね。どんな病気があるのかさえわからずにやっていたら，所見は的を外れたものになるだろうし。

吉村：お勉強しましょうってことですね。

S：もう，お勉強しましょう，ですよね（笑）。いろんな人格理論にしても。

吉村：お勉強して，自分でやってみて，人の目に晒して，で，またお勉強して。

S：指導も受けてね。

吉村：ま，それはそうですね。

S：独学で，ロールシャッハの本を1～2冊読んだだけでは，無理。でもそれは別に，ロールシャッハに限らずかな？　どんな検査にしても同じですよね。

研修会に参加する

M：あとやっぱり，所見を書いて人に伝えるっていうのは，言葉にしていく作業なので，一人で勉強して読んでるだけじゃなくて，こういうグループで，口頭で思っていることを喋って，日本語にしてみて，他の人の日本語も聞いてみてって，やっていることが，言葉にしやすくなるんだと思うんです。

一同：うん。うん。

加藤：そうですね。

S：あ，そういう表現すればいいんだ，という気づきになる。

K：所見をまとめる時にも，やっぱ最初にサマリースコアリングテーブル見ながら，ここで何がどんな特徴かってやって，そのあとに継起を見て，最後に照らし合わせて，それから……ってやるじゃないですか。そういうのって結局，ケース検討会でやっている形式をそのままなぞらえている感じがしていて。ケース検討会でやっていることって，自分の所見の書き方にそのまま反映されているなって感じたことがありますね。

加藤：今，ロールシャッハの研修会で（南青山心理相談室ロールシャッハ研修会のこと），ジュニアコースからみんな，あんまりロールシャッハに慣れていない人も一応検査をとって，スコアリングしたのを持ってきて検討しますよね。で，その時にⅠカードから順番に読んで，そこから読み取れることを順番に言ってもらって，勉強するんだけど。あれはやっぱりね，今の話につながるもので，このデータ，このやりとりから，何が読み取れるかっていうことを，いろんな人が表現するとね，だいたい漠然とわかってても，それをどう表現すれば伝わるかってことがね，たくさんのサンプルが身についていくから，とてもいいと思うんですよね。結局，それの積み重ねになるのかなーって。

S：そうなんですよね。即席で何かができるようになる訳ではないので。時間もかかりますし。

加藤：研修会で1年勉強すると，みんな大体，このカードで，この反応で，この対応で，言うべきことっていうのがまとまってきますね。指導者たちは，上手よね。だんだんに的確な，少ない言葉で，だけど適切に，それを表現することができてくるように思いますね。

スーパービジョンを引き受ける

吉村：スーパーバイザーとして，テストのスーパービジョンを引き受けるようになって，しばらくして，自分の読み取りや所見が，少しは深くなったかなっていうのはありますね。……やっぱりバイジーにいい加減なこと教えるわけにいかないですし，90分なら90分，60分なら60分で終わらせないといけないから，そうすると，僕はどうしても話が迂遠になりやすいんだけども，それなりにまとめないといけないですし。わかることとわからないことを意識しないといけないので，ここまでは僕はわかるけれども，ここから先は少なくとも今の僕にはわからないって言わないといけないから，相当鍛えられました。

R：ふうーん。

M：質問されて答えたりするとね。ここはどういうことですか？って言われると，その後で，考えて言葉にしてね。

S：何度も読みなおしますね。片口先生の本とか，精神力動論とか（笑）。

吉村：場合によっては相当調べます。

加藤：そうね，確認作業。いつまでたってもテキストが手放せなかったりするのね。今でもそうだけどね（笑）。文献もきちんと読み直してみるようになる。片口先生はもう最終版。エクスナーもそうですね。

吉村：もう亡くなりましたから。たぶんもう最終版です。

S：テキストがボロボロになっていきますが。……最低限の本を買って読むことは，必要ですよね。

加藤：指導する側になることは，ロールシャッハに限らず，学習の濃度が深まることになると思いますね。

文献から学ぶ

M：先生の「第1部：レクチャー」の最初に，書いてありますよね。力動論を読みなさいとか，馬場先生のご本を読みなさいとか。

S：うん。最初のほうに。

加藤：吉村先生も書いていましたね。

M：でも，改めて言ってもいいかもしれないですよね。なんでしたっけ？

一同：(笑)

M：力動論？（：『精神力動論』金子書房）

S：力動論。あと，片口先生の本（：『改訂新心理診断法』金子書房）も。最低限ね。当たり前だよね（笑)。

吉村：継起分析入門（：『ロールシャッハ法と精神分析——継起分析入門』岩崎学術出版社)。

加藤：心理療法と心理検査（：『心理療法と心理検査』日本評論社)。吉村先生は，いつも最後はシェーファー（：「Psychoanalytic Interpretation in Rorschach Testing」）が出てきますね。

吉村：シェーファーは必ず。

加藤：継起分析は，でも，シェーファーですものね，それはよくわかる。

M：でも，継起分析って，やっぱりこういう，スーパービジョンとかグループで勉強する以外はないんでしょうかね。

吉村：うーん，やったほうがいいと思う。

S：そう思います。個人も，グループも，両方いいところがあると思う。

吉村：人の前で言って，かつ人の意見を聞けるっていうのは，テストの学習ではとても得難いんじゃないかな。

一同：うん。

吉村：グループって競争関係にもなるし，いい意味で刺激がある。

M：そうね，変なこというと，恥ずかしいしね。

吉村：バイザーとの一対一だったら，依存とか，あるいはもう先生に言われたことは，もう，「その通りでございます！」って感じになることがあるから，それはそれで学習としていいと思うけど。もうちょっと横並びの関係があるといいですよね。

ロールシャッハを学ぶ過程

加藤：私も，一年生の頃にね，馬場先生たちに，スーパービジョンをしていただいて。そのとき習ったことはわかるの。そのデータの中の，ここがなんとかだ！とかね。ここが強迫の防衛だ，とか。でも，次のデータになると，もうわからないのね（笑）。

吉村：そうですよね。そうそう。

M：先生にもそんな時代があったんですね。

加藤：私，こんなに長くロールシャッハを勉強するとは思わなかった。

M：へえー！　そうなんですか？（笑）

加藤：学部の時にね，1年間，臨床検査法の講義で児玉省先生からロールシャッハを教えていただいたの。児玉先生は，新聞記者としてアメリカに行かれたのに，ロールシャッハ検査に出会って，もう夢中で学んで帰ってきて，私たちに一生懸命教えてくださったんですよね。でも，一年間学んでも，ほとんどちんぷんかんぷんでしたね。私には。

一同：（笑）

加藤：卒業して，すぐに慶応で，病院の外来でロールシャッハをとることが仕事になったんですけど，運命というのはわからないものですね。

一同：ふうーん。

M：私は，馬場先生のロールシャッハの授業が一番最初だったんですけど，馬場先生が授業で，私がとったデータを読んでくださったんです。そのとき，「水晶玉を持ってる！」って思って。私が会った患者さんなのに，私より患者さんのことをよく知っていて，以前こうで，今こうで，この先こうなっていくでしょうっていうことを，まるで水晶玉に映しているかのように，こう，いきいきと語っていらして。魔女でしたよね。

吉村：魔女でした。

M：会ってないのに，なんで先生はこの人のことわかるんだろう。会ったことがあるの？　やっぱり？　みたいな（笑）。

三十にして腹をくくる

加藤：あと，ロールシャッハの勉強ということで言えば，慶応に入れていただいて，そうやってたくさんスーパービジョンもしていただいたし，私は環境にめぐまれていて，ケースもたくさん大学病院でもとれたし，精神病院でもとれて，経験を積むことができましたね。私は一番最初の所属はね，児童治療チームで，児童治療と親面接の研究チームでした。テストグループは，馬場先生とか深津先生とかそういう人たちが研究活動をされていて，私はそちらの研究グループには入っていなかったんですよね。そして，30歳になった時に，それまでよく眠れていた私が，不眠になったんです。「30歳になっちゃったんだけど，どうしよう！」と。1週間ほど夜，眠れないんですよ。それで，仕方がない，ちゃんともう一回慶応の研究室に行きなおして，ロールシャッハテストがとれて，心理療法がきちんとできて，それから心理学の勉強もちゃんとして，臨床心理学を勉強する人になろうって思って，産休明けに，研究会に戻ることをお願いしたの。それから一生懸命ロールシャッハをやるようになったの。それまでは，なんか，難しかったわね。私には，ロールシャッハが。

M：何が違うんですか？　その前とそのあとの，ロールシャッハと先生の関係は。

加藤：「この道でやっていくしかない」って。それから，私，諦めた（笑）。

K：腹をくくる，みたいな。

吉村：くくる瞬間が，あるんですね。

加藤：研究室には同期が9人いたけど，皆，「十年経っても十五年経っても，まだまだロールは一人前という実感が持てないわね」と話すことが多かったように記憶してますね。あとね，そう。30代後半になったら，椅子の向きがかわったんですね。馬場先生が，地方にSVにいかれるところへ呼んでくださってね，一緒に行きましょうっていってくださって。私，できないと思ってね，「まだできません」と言ったんですけど，「一体いつまでそうしているの？」と叱られ，背中を押していただいて，ご一緒させていただきましたね。

一同：（笑）

M：いつまで子どもでいるつもりですかって，私たちもよく言われている気がする。

加藤：それで覚悟を決めて一緒にSVをさせていただいて。椅子の向きが変わるとやっぱり勉強するんですよね。

S：椅子の位置ですね。そうですね。先生側の位置になるんですね。

吉村：それはすごい。

加藤：それはすごくそう思いましたね。

S：講堂の聞く側の座席じゃないんですね。壇上とかになるんですね。

吉村：みんなが見ている。見られる位置にいく。

S：そうですね。お金もらってやっている，という責任感がありますね。

加藤：教育を受けて，育ててもらっている位置から，育てる側にシフトすることは，ロールシャッハの査定に限らず，大切なことですよね。

フィードバックセッションから学ぶ

M：患者さんに自分が直接フィードバックするのも，すごい勉強になりますよね。片口先生の本の解釈だけではなくて。「ていうことは，私はいまこんなふうに感じているけれど，そこはどうでしょうか」って聞かれたり。こちらが何か言った時に，「それは実際こうですね」みたいな，患者さんの体験の言葉に置き換えてくれる人がいたりして。そんなふうに何か質問されると，必死で検査と繋げようとするし，考える視点がもらえて，目の前でいま伝わるように言わなきゃと思ったりするのは，すごく勉強になりますね。

S：自分がとった検査という実感あるものを，ご本人とやりとりすることで，繋げてもらえる部分もあったりします。そこは伝えていくことで，育ててもらう部分が確かにある。

R：シンプルな質問っていうか，「これってどうなんですか？」っていう質問に対して，答えなきゃいけないときに，伝わるように，ものすごくかみ砕いてかみ砕いて。短いところに膨大な言葉が必要になってくるのは，経験としてはありますよね。すごい，説明するって難しいなと思いますね。

S：全部，ロールシャッハに限らずですよね。検査をとったり。面接もそうなんだけど。

クラスターを解体して，自分のクラスターを作る

S：加藤先生が書いてくださっている所見のなかに，小見出しがついているじゃないですか。これは，そのひとそのひとによって小見出しが変わる，というイメージでいいんですよね。

加藤：はい。そうです。吉村先生もそうよね。

吉村：はい，もちろん。そのときで違います。

加藤：初学者のころはね，この見出しは，情緒的な特徴とか，知的な特徴とか，対人関係とか，なにかの葛藤とか，そんなふうになっていましたね。そして最後に，病態について，という形でした。

M：わたしそうですよ。

S：頭の中，そうです。

R：うんそう。私も。

加藤：そういうふうに書くのが，当時の精一杯でしたね。

S：そこから，どういうふうに書いていくと加藤先生のような所見が書けるレベルにいけるのか。その道筋はどうなっているのでしょうか？

M：その道筋，知りたいです。吉村先生はさっきいろいろ，スコアをつけながらみて，クラスターをみて，みたいなことを言われていましたけど。

吉村：クラスターみて，ボトムアップとか。

加藤：それは，ほとんど同じだと思う。このサマリースコアリングテーブルの中から特徴をつかんで，それから，平均からずれているところと，矛盾するところと，このひとの特徴が見えてきて，それが，じゃあ何だろう？っていうことを，中で見ていく，という形ね。

吉村：僕はでも，感情なら感情，知的側面なら知的側面というまとめ方でもいいとは思うけれど。それは好みの問題で，例えば包括のクラスターは７つ，出来合のがあって，感情，自己知覚，対人知覚，とかあって，順番も決まっていて，そういうフォーマットもあって，わかりやすいんですよね。ただ自分が臨床をやるときに，自分の患者さんにその所見は

あまり役に立たない気がして。認知行動療法だったら多分いいんだけど，患者さんのことを考えるときに，自分の場合には，このひとの感情はどうかなとか，あまり考えないんです。それよりは，「甘えたいのに甘えられない」とか，「頑張るんだけれども突然脱力する」とか，そういうほうが近いなと思って。わざわざっていうか，自分の好みとして，クラスターを解体して自分独自のクラスターにするっていうことをやっていますね。面倒くさいんですけどね。

M：そうそう。そこが難しいの。解体しただけになっちゃう。

S：でも，とても手間のかかる行きつ戻りつをしていますよね。何度も，何度も，いってかえって，いってかえって。テストデータと。

M：やっぱりこれは，臨床的な腕なんですね。そのひととの臨床的な対話がはじまっているんですね。テストにとどまらずね。

加藤：それはすごく関係あると思う。私のイメージとしてはね。えっと，例えばある人を，絵で表そうと思ったときに，やっぱり丸顔であるとか，太っているとか，やせているとか，こんな表情だとかっていうふうに描くというのがあるじゃない。それと同じようにその人をなるべく描写できるようにしていく。そういう意味では，性格で言えば，みんな十二単で，一番外側にある洋服から，内側にある下着までいろいろあって，一番外側から書けば，○○さんはこんな人，△△さんはこんな人，というのが大体あって。そういうところから，まず最初の項目で書いていく。このケースの場合だったら，豊かな資質と落ち着いた物腰っていうのが，まず最初に出てくる。そういう感じじゃないかなと思うんですけどね。で，もう少し中が描写できれば，また次の描写っていうふうになっていくのかなあ。……それくらいしか説明できないな。自分で説明できないからなかなか伝わらないね。

M：……なんか，神業的に，まだ見えますね。

ローデータとの対話

M：多分ね，私はローデータをちゃんと読んでいないからいけないんですよ。スコアリング終わった段階で，もう書き出しています。時間ないから。書き出して，行き詰まったらそこでやめて，また書いてってやって，読みながら書きながら読みながらってやってるから，ダメなんですよね。きっと。……みんなちゃんときっちり読んでから書くんですか？

S：時間のなさによりますね。

加藤：あ，読みます。読まないと，だって，イメージわかないし。まとまらない。

M：私はスコアをつけて，大体はローデータを打ち込むんですよ。打ち込むときにざーっと全部一字一句見るので，そのあとあんまり読まないんですよ。所見をかきながら，例えばⅠカードは，とか書きながら，プロトコルを見て，そうなんだと思いながら書き進めている感じなので，……それがいけなかったですかね。やっぱり。

加藤：いけないかどうかはわからないですね。

S：時間がないときは大変ですよね。

M：読むべきなのね。ローデータは読むべき。

S：ローデータとは何度も対話が必要になります。

加藤：もっと早くこのまとめを出さなきゃいけないと思ったけれども，やっぱり，データを読むのに時間がかかってしまった。

M：先生は，データ読むのにどのくらいかかります？

加藤：時間は，わからない。今回は，毎日毎日，ちょっとずつ見ていました。

M：読み方に何か秘密が隠されているのかもしれない。

加藤：ああ，ローデータ読むと，そこに，彼らが連想したものと，それに対してどういうふうに対応したかとか，テスターの質問に対してどんなふうだったかとか，そういうのが見えてくるので，それだけでも随分いろんなことが描写できるかなぁと思います。で，反応から反応に動いていくときに，やっぱりこういう自我の機能があるだろうって推測するし，その水準がどうだとか，考えながら読みすすむ。思考の状態とか，情緒の状態とか査定していく。みえてくると理解が深まり，つかめてくる。

S：図版一枚一枚のなかでも継起があるし。ずらっと十枚並べたときのその継起もあるし。そういう意味では，私は，すごい迂遠なまとめ方をしていますけどね。全部，プロトコルを読んでいって，最後にⅠ～Ⅹカードまでの継起をそれぞれ書かないとダメなんですよ。

加藤：強迫？

S：Ⅰカードから，ずっとそれぞれの特徴をみていきたいほうで。

吉村：大変じゃない？　それやってると。ねえ。労力が。

S：強迫は無駄な動きだから。

M：強迫的にやってると，こういうまとめ方に移りにくくはないですか？

S：いや，小見出しを書いてる感じで。最初は，小見出しが10個できる。で，小見出しが似てるカードもいっぱいあるんだけれども……と考えていく。だから時間がちょっとかかっちゃうんだけれど。

K：でも，私も特徴を書き出したりはするかもしれないです。なんか忘れないようっていうのもあるけど。Rが，生産性が高い，って丸つけたり，書き出したり，このひとの特徴を読みながらこうやってどんどん書いていったりとかして，それを最後に眺めて，何とかまとめてから記録に入っています。

吉村：似たようなことなんですよね。継起が違う。……さっきの，僕がやっているのは，大体こう（構造一覧表を提示しながら）書いていって，これクラスターが出来る前の段階。これをなんかこう，ここととここが似てるとか。ここら辺がちょっとつなぎかかっているとか。

まとめのメッセージ

S：勉強しましょう。勉強の仕方には，個人のSVもあるし，グループもあります。

吉村：結局，上達するためにもそれからいい所見を書くためにも，人の目を意識しようっていう話がありましたね。読み手だったり，患者さんだったり。それから自分が成長する上でも人目に晒して発表したりすることですね。

S：指導者だったり，先輩同僚だったり。他の人の所見もよく読んだりとか。

R：かなり積極的にね，学びに行くことですね。

S：自分で学ぶ姿勢じゃないと。

R・吉村：受け身では，だめですよ。

S：誰かが何とかはしてくれないので。

加藤：査定力のついた人が書いた所見は，反応内容だけではなくて，反応が生成されるまでのプロセスや，自分の反応をどれだけ表現できるか，という力や，投影される情動や，テーマと，そのテーマとの関わり方や，テスト時のテスターとのやりとりの中にうかがわれる，その人の対象との関係など，さまざまな材料がそーっとすくいとられているという形で，示されていますよね。その人の有り様を，ロールシャッハのデータから読み取る力を養うことは，その人の力動の特徴を読み取る力と連動している，と言えると思いますね。よく学び，さらに精進していきたいものですよね。

吉村：今日はみんなでロールシャッハの面白さを再確認できてよかったです。加藤先生，皆さん，どうもありがとうございました。

文　献

馬場禮子　1997　心理療法と心理検査．日本評論社．

馬場禮子　1999　改訂 ロールシャッハ法と精神分析——継起分析入門．岩崎学術出版社．

Finn, S. E. 2007 *In Our Clients' Shoes — Theory and Techniques of Therapeutic Assessment*. Routledge.　野田昌道・中村紀子（訳）　2014　治療的アセスメントの理論と実践——クライエントの靴を履いて．金剛出版．

古井景　2003　医師からみた臨床心理アセスメント．臨床心理学 3-4，486-493.

Harvey, V. S. 2006 Variables affecting the clarity of psychological reports. *Journal of Clinical Psychology*, **62**, 5-18.

加藤志ほ子　2010　心理検査報告書の書き方　ロールシャッハ法研究 **14**，52-57.

Kernberg, O. 1967 Borderline personality organization. *Journal of the American Psychoanalytic Association*, **15**, 641-685.

Klopfer, B. 1946 *The Rorschach technique: A manual for a projective method of personality diagnosis*. World Book Co.

中村晃士　2015　精神科医は心理検査を臨床にどう活かすか．こころの科学 **184**，41-45.

Nakamura, N., Fuchigami, Y., Tsugawa, R. 2007 Rorschach Comprehensive System Data for a Sample of 240 Adult Nonpatients From Japan. *Journal of Personality Assessment*, **89**, S97-S102.

小此木啓吾・馬場禮子　1989　新版精神力動論——ロールシャッハ解釈と自我心理学の統合．金子書房．

Lichtenberger, E. O., Mather, N., Kaufman, N. L., Kaufman, A. S. 2004 *Essentials of Assessment Report Writing*. Wiley.　上野和彦・染木史緒（監訳）　2008　エッセンシャルズ　心理アセスメントレポートの書き方．日本文化科学社．

Rapaport, D., Schafer, R., Gill, M. M. 1945/1946 *Diagnostic psychological testing. Vol.1 & 2*. Yearbook.

Rorschach, H. 1921 *Psychodiagnostik — Methodik und Ergebnisse eines wahrnehmungsdiagnostischen Experiments*. Verlag Hans Huber.　鈴木睦夫（訳）　1998　新・完訳 精神診断学．金子書房．

Schafer, R. 1954 *Psychoanalytic interpretation in Rorschach Testing*. Grune & Stratton.

下山晴彦・松澤広和（編）　2008　こころの科学増刊号　特集・実践 心理アセスメント．日本評論社．

Snyder, C. R., Ritschel, L. A., Rand, K. L., and Berg, C. J. 2006 Balancing psychological assessments: Including strengths and hope in client reports. *Journal of Clinical Psychology,* **62**, 33-46.
竹内健児（編） 2009 事例でわかる心理検査の伝え方・活かし方. 金剛出版.
吉村聡 2015 コミュニケーションとしての心理検査. こころの科学 **184**, 33-36.

あとがき

「報告書の書き方」は，臨床心理の仕事の中でとりわけ独自性があり，大切な仕事と考えられています。特に投映法の中のロールシャッハ法は，その読み取りの力がつくまでに経験を要します。しかし基礎を学んだあと，すぐに実践が始まりますが，実践に入れば，馬場禮子先生が言われるように「アルファにしてオメガ」の仕事であり，臨床の実践に役立つ報告書が求められます。学会のワークショップや，各県でのロールシャッハ勉強会で，近年このテーマでの要請が多いのは，こうした臨床の要請から少しでも役に立つ報告書が書けるようにという企画者からの願いが込められているといえます。この本を手に取る読者も，日常の仕事に少しでも役に立つ知恵やヒントがないかという思いで，手に取られているのではないかと思います。

心の在り様を読み解こうとするとき，一つの理論に身を寄せて理解を進めていくというやり方がありますが，私の立場は精神分析的，力動的な立ち位置にいます。ロールシャッハ法の報告書の書き方の教科書のようなものを纏めてみようと思い立った時，投映法心理検査のこと，精神医学のこと，精神分析のことなどまとめるべき学問量が多すぎて，圧倒されて立ちすくんでしまったのですが，北山修先生は『精神分析理論と臨床』という教科書を書かれるときに，「心の臨床は，ABC……Z と体系的にものを教える方法と，短時間にすべてを伝えることはできないので ZF……G と非体系的に心の広がりを教える方法があります。私の教科書を作る場合は後者しかありません」と述べておられます。北山先生の言葉に勇気をお借りして，まずは，「ABC……」に近く，体系的に外してはならないことから話を始めました。次に，応用問題で，実践の中から，実際の資料を詳しく読んでいくということはこういうことだという事例からの読み取りをお示ししています。最後に，この企画が始まったグループのメンバーとのディスカッションを通して，ロールシャッハの読み取りの力を養う工夫についてや，勉強の仕方，心理臨床家としてステップアップしていく心意気などについてまとめました。伝えたいたくさんのことを，どうわかりやすく伝えるかの難しさがありましたが，今回はこうした形で心理検査の読み取りについてと，報告の仕方について，述べることにしました。この背景にある，たくさんの理論や，教科書を紐解く一つのきっかけとなって，読者がさらに臨床の理解が深まることを願っています。

本書は３部に構成されています。第１部は一般的に心理検査報告書を書くことについての落としてはならない書式や，注意事項，心構えなどに続き，ロールシャッハ検査を力動的に読み取ることの基本について述べました。特に，馬場禮子先生にご指導いただき，今では「馬場法」という名称もつくようになった継起分析の基本について，なるべくわかりやすく理解していただけるようにお話ししたつもりです。こうした継起分析を経て，事例の報告書が出来上がった時，それを臨床でどのように活用していくのか，主治医とクライエントとの間でのやり取りや，面接者や主治医とのその後の経過も含めて，報告書の活用のされ方について述べています。まだ臨床経験の少ない初心者の参考になればと思います。

第２部は，以前馬場先生にもご指導いただいた事例で，様々な水準の自我機能が豊かに表出している事例です。神経症水準の防衛機制もたくさん使われていて，私たちが現実場面で適応していくために日常的にその人らしいやり方で使われている自我の防衛機制がこのようにロールシャッハテスト上に現れているということが見えるものです。それだけの力がありながら，時に，その人のテーマに沿っては原始的防衛といわれる防衛機制を発動しないと，自分が保てない瞬間があり，テスト上はこのように現れることもあり，そして回復していく様子が示されてもいます。今回のメンバーの主メンバーとなった吉村聡先生の報告書のまとめと，二つの報告書が掲載されています。吉村先生は，包括システムと力動的・継起分析を統合しながらロールシャッハを読み解く立場で臨床を進められていますが，とても丁寧な解説を所々で添えてくださいました。ロールシャッハの勉強をかなり積んだ読者なら，この読み取りの楽しさが伝わるのではないかと期待しています。

第3部は，もう15年以上一緒に勉強を重ねているメンバーとのディスカッションを纏めました。難しくはあるけれど，一つ一つ反応に込められた意味や，反応の動きの中に被検者の思いや習性が読み取れる作業は，興味深く，つい勉強が続いてしまったグループのメンバーの声です。心の力動について学習をしていくプロセスが凝集して身についた仲間たちの声です。ロールシャッハを読み取る力は，心の臨床を引き受ける私たちにとって，その背景にある膨大な学問を日常の臨床の中で，少しずつ触れ，理解し，統合していく必要を呼び起こします。臨床力と並行して力がついていくのではないかと考えます。この本の読者が，さらに精進していくための，一つのきっかけとしてお役にたつことを願っています。

加藤 志ほ子

おわりに

本書は，加藤志ほ子先生の古稀を記念して企画されました。

私たちは，加藤先生にロールシャッハの指導を受けてきたメンバーです。北山研究所ロールシャッハ研究会（現在の南青山心理相談室ロールシャッハ研究会）を前身としてはじまったこのグループは，まもなく20年の節目を迎えようとしています。

かくも長い期間にわたってご指導をいただいた先生の古稀をお祝いしたい，そして日頃の学恩を形にしたいという思いは，グループの中から自然に湧きでてきたように思います。企画が形になった時点で，すでに先生の古稀を２年超過していましたが（先生，ごめんなさい！），先生の臨床知を知る私たちにとって，先生からの教えをそのまま形にすれば，ロールシャッハに関心をもつ多くの臨床家の支えと力になるのは，容易に想像のつくことでした。本書のテーマ「所見の書き方」も，最近の先生の重要なお仕事の一つであることから，スムースに決まりました。

ところがあらためて振り返ってみると，私たちは，先生に所見の書き方を体系的に教わったわけではありませんでした。本書の執筆が始まってからその事実に気づき，そして「あれ？」と驚きました。少なくとも私は，すっかり教わっていたような気持ちでいたのです。でも，自分たちの学びを思いおこしてみて，自然と納得するところがありました。私たちは，一般によくある研修機会と同じように，ロールシャッハを中心とした検査データの解釈を加藤先生から学んできました。しかしそれでも，私たちは所見の書き方を，確かに学んでいたのです。

先生の言葉の中には，随所に検査結果を伝えられる相手が見え隠れしていました。内輪で専門用語を駆使して議論して，自分たちだけで分かった気になるのではなく，どのように臨床面接に活用するかという視点が含まれていたように思います。したがって，結果をどうフィードバックするかというテーマも，ときに，自然な流れで議論の対象になりました。私たちが先生から学んだのはテストの結果や解釈であるはずなのに，その「結果」には結果の「伝え方」が含まれており，そしてそもそも臨床家として仕事をするというのはどういうことなのか，という点まで織り込まれていたように思います。

＊　＊　＊

加藤先生は，慶應義塾大学医学部精神神経科に入局されてから現在に至るまで，総合病院と開業臨床を中心に臨床活動に尽力されてきました。馬場禮子先生が作り上げた自我心理学にもとづくロールシャッハ理解と，精神分析的な心理療法を実践される一方，帝京大学で教鞭をとられて若い臨床家の育成にも力を注がれました。

不肖の弟子にすぎない私が生意気なことを言うようですが，私の目に映る先生の臨床は，「やさしさと誠実さと芯の強さ」に支えられているように感じます。縁あって先生の面接のプロセスをうかがう機会に恵まれましたが，先生はじっとクライエントの話に耳を傾け，性急にものを言わないご様子でした。先生ご自身の中に何かの理解が形になるまで，あるいはクライエントが臨床的な何かに到達するまで待たれているのではないか，と思いました。もしかすると先生のこの態度には，ロールシャッハ反応をじっと聞いている姿に通じるものがあるのかもしれません。

そして静かにじっと聞いているその姿に，先生の芯を感じるのです。

先生はとても控え目な方です。ご自分から前に出て行かれることは，あまりありません。もちろん，人を悪く言う姿をみかけたことも，ほとんどありません。だからといって，何かに迎合するわけでもありません。先生はじっと耳を傾けて得られた感覚に忠実に従おうとしているように見えます。もしかすると，ときにそれは「譲れない」という雰囲気をまとうことがあるかもしれません。それらはすべて，先生の柔らかいながらも凛としたパーソナリティの賜物であるように，私には感じられています。この先生の臨床的な態度は，本書に綴られている言葉に，そしてその言葉の向こうに見える先生のお姿に，そのまま描き出されていることと思います。

＊　＊　＊

およそ20年前，執筆者の一人である満山かおるさんにご紹介いただいて，私は，加藤先生に教えをいただくことになりました。このときはじめて，『境界例――ロールシャッハテストと心理療法』（馬場禮子編著）などのご著書でしか知らなかった先生にお会いしました。

大学院の博士課程に在籍しながら現場に出てみたのはいいものの，右も左も分からない私は，指導者を必要としていました。大学時代の恩師は，冨田正利先生（パーソナリティ心理学・認知心理学）と深澤道子先生（交流分析）でしたが，ロールシャッハを日本に導入した一人でいらした冨田先生は実験心理学者であり，先生に臨床指導を求めることは困難でした。馬場禮子先生の講義に出席させていただきながら，どうにか基本のキを学びおえたばかりの私にとって，加藤先生は，まさに救いでした。

今でもはっきりと思い出されることがあります。まだ先生の指導を受け始めたばかりの頃，当時の北山研究所に向かう短い坂を先生と肩を並べて下っているとき，私は先生にこう言われたのです。「あなたは心理で生きていくこと，精神分析の道に進むことを決めたのね」。

このときの先生とのお話は，ロールシャッハをめぐる話題から始まったと記憶しています。当時の私にとって，そして今もそうですが，私の前にロールシャッハと精神分析は不可分なものとして存在していました。しかし精神分析の世界にとびこんでいくことに，いささかの戸惑いもありました。憧れながらも戸惑う私は，ちょうど坂道を下りながら上半身と下半身のバランスを崩して前のめりになっているような状態でした。そのとき先生は，私のお尻をポンと押してくださったのだと思います。その瞬間，私の上半身と下半身はまとまりをもつことができました。

先生の言葉は短く，そして的確です。私たちが先生から学びたいと願っている技芸の一つが，この「短いながらも的確」の中にあります。読者諸氏は，この先生の言葉と臨床知が余すところなく描き出されていることを，本書の中に発見することでしょう。

＊　　＊　　＊

「おわりに」としては，あまりに個人的な事柄ばかりが並べられていることに，戸惑いをおぼえる方がおられるかもしれません。そして加藤先生，勝手なことばかり書いてしまってすみません。

でも，私たちが先生から受けた薫陶をことばにしようとするとき，それは私の個人的な体験というフィルターを通さずには語れないことを痛感してしまったのです。確かに，ここに綴られているのは，どれも私の個人的な体験や思いばかりです。でもおそらくこれらの思いは，私たち執筆者一人ひとりの中に，それぞれの体験とともに大切にしまわれているのだろうと想像しています。私の体験は，執筆者全員の体験でもあると信じています。

最後になりましたが，第2部にご登場いただいたＦさんに，心からお礼申し上げます。本書は，心理テストと心理療法を通したＦさんとの出会いがなければ，成立しないものでした。

また，本書に素晴らしい文章をお寄せくださった馬場禮子先生に心よりお礼を申し上げます。岩崎学術出版社の長谷川純氏にも，一方ならぬお世話になりました。厚くお礼申し上げます。

おりしも，最近の心理テストをめぐる動向は，「どのように読み取るのか」から，「どのように（主治医／クライエントに）フィードバックするか」という問題意識にシフトしつつあるように思います。心理臨床の業界が少しずつ成熟しつつあるからこそ，「どのように伝えるのか」という，極めて臨床的な事態が議論されるようになりつつあるのだろうと理解しています。本書を手にされた先生方が，私たちの20年と同じように実りある学びを得られることを心から願っています。

初夏の夜，柔らかくも力強い新たな生命の温もりを感じながら

執筆者を代表して　　吉村　聡

索　引

あ行

か行

さ行

た行

な・は行

ま・や・ら行

アルファベット

編著者略歴

加藤志ほ子（かとう　しほこ）

1944年　東京に生まれる
1966年　日本女子大学家政学部児童学科卒業
1966年　慶応義塾大学医学部精神神経科入局
1978年　東京都済生会中央病院精神神経科
1985年　北山医院（現・北山研究所／南青山心理相談室）
2011年　帝京大学文学部教授
現　職　南青山心理相談室，フィールファインクリニック，臨床心理士
著　書　境界例―ロールシャッハテストと心理療法（分担執筆，岩崎学術出版社），精神分裂病の臨床と本質（分担執筆，金剛出版），治療構造論（分担執筆，岩崎学術出版社），心理アセスメントハンドブック（分担執筆，西村書店），私はなぜカウンセラーになったのか（分担執筆，創元社），心理査定実践ハンドブック（分担執筆，創元社），日常臨床語辞典（分担執筆，誠信書房）
訳　書　思考活動の障害とロールシャッハ法（馬場禮子監訳，創元社）

吉村　聡（よしむら　さとし）

1973年　大阪に生まれる
2001年　早稲田大学文学研究科博士後期課程単位取得退学
2003年　博士（文学）
2000年　早稲田大学理工学部複合領域コース助手
2002年　東北大学教育学研究科講師
2006年　上智大学総合人間科学部講師
現　職　上智大学総合人間科学部教授，精神分析家，臨床心理士
著　書　ロールシャッハ・テストにおける適応的退行と芸術的創造性（風間書房），心理検査を支援に繋ぐフィードバック―事例でわかる心理検査の伝え方・活かし方［第２集］（分担執筆，金剛出版），臨床心理学入門事典（分担執筆，至文堂），心理臨床学事典（分担執筆，丸善出版），現代精神医学事典（分担執筆，弘文堂）
訳　書　思考活動の障害とロールシャッハ法（馬場禮子監訳，創元社），ピグル―ある少女の精神分析的治療（妙木浩之監訳，金剛出版），臨床面接のすすめ方（深澤道子監訳，日本評論社）

執筆者（五十音順）

池島　静佳（いけじま　しずか）　銀座メンタルクリニック
北村麻紀子（きたむら　まきこ）　個人開業
牧野有可里（まきの　ゆかり）　横浜創英大学／マキノ・サイコセラピー・ラボ
松田　東子（まつだ　もとこ）　白峰クリニック／浦和学院高等学校
満山かおる（みつやま　かおる）　アスファレス心理センター／神経研究所晴和病院

ロールシャッハテストの所見の書き方
—臨床の要請にこたえるために—
ISBN978-4-7533-1111-8

編著者
加藤志ほ子
吉村　聡

2016年10月27日　第1刷発行
2024年12月13日　第7刷発行

印刷　広研印刷(株)　／　製本　(株)若林製本

発行所　(株) 岩崎学術出版社　〒101-0062 東京都千代田区神田駿河台3-6-1
発行者　杉田　啓三
電話 03(5577)6817　FAX 03(5577)6837